El Camino de

Victoria

Principios, herramientas y testimonios de
Lifestyle of Liberty

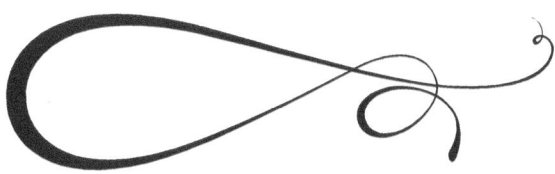

Krisann D. Nething

El Camino de Victoria por Krisann D. Nething

Copright© 2016 Krisann D. Nething
Ministerio de Lifestyle of Liberty Houston, Texas
ISBN: 978-0-9972407-1-9
www.lifestyleoflibertyministry.org

El libro fue traducido al Español por HighSierra Translations www.highsierrtranslations.com

Todos los derechos reservados. Ningún fragmento de este libro puede reproducirse sin el consentimiento escrito de la editorial o del propietario de los derechos de autor, excepto en el caso de citas breves incluidas en reseñas o artículos de crítica. Ningún fragmento de este libro puede transmitirse de forma o medio alguno (electrónico, mecánico, fotocopia, grabación u otro), sin el permiso escrito previo de la editorial o del propietario de los derechos de autor.

El libro está basado en hechos reales. Se cambiaron algunos nombres y detalles por motivos de confidencialidad.

Todas las citas de la Sagrada Escritura, excepto que se indique lo contrario, se obtienen de la Santa Biblia, Nueva Versión Internacional® NVI® Copyright © 1999 de Biblica, Inc.TM Se utilizan con permiso de Biblica. Todos los derechos reservados mundialmente. "NIV" y "Nueva Versión Internacional" son marcas registradas en la Oficina de Patentes y Marcas Registradas de los Estados Unidos por parte de Biblica, Inc.TM
Las citas de la Sagrada Escritura con la marca NBD se obtienen de la Santa Biblia, Nueva Biblia al Día Copyright © 2006, 2008 de Biblica, Inc.TM Se utilizan con permiso. Todos los derechos reservados.
Las citas de la Sagrada Escritura con la marca PDT se obtienen de la Santa Biblia, La Palabra de Dios para Todos © 2005, 2008, 2012 Centro Mundial de Traducción de La Biblia © 2005, 2008, 2012. Se utilizan con permiso. Todos los derechos reservados.
Las citas de la Sagrada Escritura con la marca NTV se obtienen de la Santa Biblia, Nueva Traducción Viviente © Tyndale House Foundation, 2010. Se utilizan con permiso. Todos los derechos reservados.
Las citas de la Sagrada Escritura con la marca NBLH se obtienen de la Santa Biblia, Nueva Biblia Latinoamericana de Hoy © 2005 de The Lockman Foundation, La Habra, California. Se utilizan con permiso. Todos los derechos reservados.

Letra de Lover of My Soul, Copyright © 1996 de Vineyard Music. Se utiliza con el permiso de Vineyard Worship. www.vineyardworship.com.
Letra de I Will Change your Name, Copyright © 1987 de Mercy Publishing. Se utiliza con el permiso de Vineyard Worship. www.vineyardworship.com.
Foto de tapa de Iurgi Inda (iurginda@gmail.com)
Imágenes prediseñadas de árboles y la Biblia de 123RF.com.
Imagen prediseñada de escalera de korobovaoksana © 123RF.com.

Para más información, ingresa a www.lifestyleoflibertyministry.org o envía un correo electrónico a esta dirección: lifestyleoflibertyKN@gmail.com.

DEDICATORIA

Para Gary Nething, mi esposo y mejor amigo, además de compañero en la vida y en el ministerio. Te amo, disfruto de tenerte a mi lado y te admiro enormemente. ¡Dios estuvo tan acertado al unirnos! Gracias por ser mi fanático número uno, y por apoyarme constantemente en todo sentido cuando di un salto de fe y decidí obedecer el llamado de Dios.

AGRADECIMIENTOS

Me gustaría agradecerles a los siguientes ministerios que han tenido un enorme impacto en mi vida: el Ministerio de Freedom in Christ, el Ministerio de Exchanged Life, Encounter God de el Ministerio Touch, y Restoring the Foundations. También fui bendecida al poder conocer las enseñanzas de Pablo Bottari, de quien fui traductora durante sus sesiones de ministerio.

Gracias, Gabi Soltau, por ser el catalizador del Ministerio Lifestyle of Liberty.

Gracias, Pastor Fernando Ruata, pastor principal de Encourager Church, por brindarme tu apoyo a mí personalmente y a la visión de LOL, y por cederle una plataforma en la iglesia.

Gracias a Walt y Patty Raske por su apoyo y colaboración en el ministerio, así como también por su amistad.

La vida de Johnette Cadis ha sido para mí una bendición. Johnette fue un honor tenerte a ti, una líder de nuestra iglesia, en una de mis primeras clases. Has permitido que Dios utilice este material para transformarte y, ahora, generaciones y familias enteras están siendo transformadas a través tuyo.

Quiero brindarles un especial agradecimiento a Brandon y Karlene Owston, que fueron los primeros en unirse y sembrar semillas en el Ministerio Lifestyle of Liberty.

Gracias a mis amigas que leyeron el primer manuscrito y me hicieron comentarios de enorme valor: Lisa Butler, Ashley Cadis, Tammy Alexander y Cindy Schroppel. (Cindy, al ser tú misma escritora, tus ediciones y consejos realmente enaltecieron este libro).

Gracias a Julio y Berta Herrera por proporcionar y facilitar la traducción de El Camino de Victoria al español. No tengo las palabras adecuadas para comunicar la satisfacción que siento en la calidad de esta traducción. Decir gracias pareciera insuficiente para expresar mi agradecimiento a Cameron Hubiak de HighSierra Translations por su trabajo fabuloso y excelente. He sido verdaderamente bendecida por su compromiso con la excelencia y atención a los detalles, sin mencionar su destacada capacidad. ¡Gracias, Cameron!

Gracias a mis familiares y amigos, a mi familia de la iglesia, y a todos los que me apoyaron, oraron por mí y junto a mí, y estuvieron conmigo a lo largo de todo este emprendimiento.

Que Dios los bendiga grandemente y multiplique en sus vidas todo lo que ustedes sembraron en la mía.

> *Cuanto anhelo que mi vida te glorifique.*
> *(Salmos 119:2-3, TPT)*

Dios Todopoderoso, este es mi regalo de amor para Ti. Te agradezco por todo lo que has hecho en mi persona. Te encomiendo mi vida a Ti, mi fiel Creador y Amado de mi alma.

ÍNDICE

Capítulo 1: El Amor de Dios... 11

Capítulo 2: ¿Quién Reina?.. 19

Capítulo 3: Desmantelar las Fortalezas........................... 29

Capítulo 4: La Ira... 43

Capítulo 5: El Rechazo.. 51

Capítulo 6: Tu Verdadero Yo... 55

Capítulo 7: Posicionados para la Victoria....................... 63

Capítulo 8: Nuestras Elecciones..................................... 79

Capítulo 9: El Perdón.. 89

Capítulo 10: La Perfección 105

Capítulo 11: Los Juicios.. 111

Capítulo 12: Las Ataduras del Alma 137

Capítulo 13: La Vergüenza 147

Capítulo 14: Renovar Nuestras Mentes.......................... 161

Capítulo 15: El Temor 183

Capítulo 16: La Incredulidad 189

Capítulo 17: Sanar los Recuerdos.................................. 195

Capítulo 18: Vencer al Enemigo..................................... 213

Capítulo 19: Claves para Transitar un Camino de Victoria 227

Apéndice 243

Notas al Pie 249

PRÓLOGO

Era temprano por la mañana y estaba acostada dialogando con Dios cuando, de repente, una repentina comprensión me golpeó como un puñetazo en el estómago, provocándome náuseas y dificultándome la respiración. No fue todo culpa de mi esposo Gary (como lo había supuesto). Yo también tenía mucho que ver. Lo había despreciado y le había faltado el respeto en mi corazón, porque creía que no había podido satisfacer mis necesidades. Dios había orquestado cuidadosamente las circunstancias para esta revelación. Me encontraba fuera de la ciudad, lejos de las distracciones y de los espíritus familiares.

Me fui rápidamente del hotel y me dirigí a una joyería para comprar a Gary una nueva alianza de matrimonio. Para mí, eso representaba el cambio en mi corazón, mi compromiso con nuestro matrimonio y la declaración que coronaba a Gary como el rey de nuestro hogar. Mi vida era un desastre y eso no era su culpa. Esa revelación marcó el comienzo de mi sanación.

En ese momento, mi esposo ignoró el significado que tenía el anillo, porque aún no había comenzado su propia sanación. Los años pasaron. El anillo estuvo guardado en un cajón y fue finalmente intercambiado por unos aros de diamantes para mí en una casa de empeño.

Aunque iba a llevarnos muchos años más, Gary y yo finalmente fuimos transformados. Ahora ministramos juntos la sanación y la libertad, no porque seamos perfectos o ya hayamos alcanzado nuestra meta, sino porque este es un mensaje que debe ser compartido. De hecho, son incontables las veces durante la producción de este libro en las que tuve que reiterarme y aplicar para mí misma los principios aquí incluidos. A medida que adoptamos estos principios, caminamos en victoria todos los días, y en una medida cada vez mayor dando pasos cada vez más grandes. ¡Tú también puedes hacerlo!

¿Por qué comparto historias personales? Creo que cuando escuchamos acontecimientos verdaderos sobre la vida de otras personas, tenemos la posibilidad de sentirnos identificados y el permiso de atravesar ese proceso nosotros mismos. Además, escuchar hablar de las victorias de otros, nos permite aferrarnos a la esperanza para nuestras propias vidas.

Cuando era una joven misionera, consagrada a Dios, teniendo a Jesús como el Señor de mi vida, necesitaba obtener la información que compartiré en las páginas de este libro. No fue hasta que leí el libro de Joni Eareckson, *Choices... Changes*, que me di cuenta de que no estaba sola. Otros cristianos también tenían luchas. Me di el permiso de observar mi vida con honestidad. Era esclava de las relaciones conflictivas, de las malas actitudes y de la conducta que no podía mejorar, explicar o cambiar. Me di cuenta que detrás de nuestras sonrisas, nuestras máscaras y nuestros esfuerzos por ser mejores personas, quizás la mayoría de los cristianos estaban en mi misma situación: luchando para sobrevivir.

El mero hecho de "ser salva" no había sido suficiente para sanarme. No parecía ser aquella nueva creación en Cristo que promete la Palabra de Dios. Comencé a perseguir la integridad que Dios prometió y por la que Jesús murió.

A medida que leas lo que aquí comparto, mi esperanza y mi oración es que no te lleve los años que me llevó a mí caminar en la libertad que Cristo adquirió para nosotros en la cruz. Ahora te invito, a través de historias propias y de otras personas, a compartir los principios que te guiarán hacia un estilo de vida de libertad.

Capítulo uno

EL AMOR DE DIOS

Mi familia y yo estábamos de vacaciones en Suiza, alojados en una encantadora cabaña donde disfrutábamos del descanso de nuestra vida como misioneros. Las montañas cubiertas de nieve se asomaban en la distancia. La paz reinaba mientras cada uno de nosotros pasaba tiempo con Dios.

De repente, una imagen se formó en mi mente. Vi a una niña pequeña divirtiéndose, jugando alegremente en el suelo con sus bloques de juguete. La niña miró hacia arriba y vio a un hombre sentado en una gran silla en el otro extremo de la habitación, aunque estaba un escalón más arriba. Se parecía a Santa Claus sentado en un trono, pero sin el traje rojo. ¡Ni bien lo vio, el corazón se le salía del pecho! Estaba **tan** emocionada que gateó lo más rápido que pudo para acercarse a él. Cuando la veía gatear, pude comprenderlo: ¡la niña pequeña era yo y "Santa" era **Dios**!

Con determinación, la niña posó una rodillita arriba del gran escalón, luego la otra, y rápidamente achicó la distancia entre ambos. Cuando la niña estuvo lo suficientemente cerca del pie de aquel trono, Santa se agachó para alzarla en sus brazos y sentarla en su falda. Ella se inclinó hacia arriba para ver sus ojos brillantes y se maravilló con su larga barba blanca. Luego levantó el brazo, tomó un puñado de barba suave con su pequeño puño y jaló con todas sus fuerzas. Y Santa, sosteniéndola muy cerca, inclinó su cabeza hacia atrás y largó la carcajada más enorme y grandiosa que jamás haya escuchado. La risa resonó en los cielos y llenó todo el espacio de alegría. Él rió y rió como si nada de lo que la niña pudiera haber hecho le habría parecido más encantador.

La comprensión me rodeó gentilmente en un abrazo. La paz me envolvió como un manto suave. La calidez estalló desde adentro. No tengo que hacer nada ni ser nada para ganarme el amor de Dios. Se siente complacido si sólo me siento en Su falda. Él está extraordinariamente contento conmigo. Le doy una **gran satisfacción** siendo simplemente yo misma. ¡Él me ama! ¡Punto!

¡Cuánto he avanzado en la comprensión del amor de Dios! No haber tenido un padre terrenal capaz de expresarme su amor mediante formas que yo pudiera comprender, había dificultado mi experiencia del amor de Dios. Al principio, simplemente **acepté el hecho** del amor de Dios, al igual que como acepté su mensaje de salvación. "Porque tanto amó Dios al mundo, que dio a su Hijo unigénito." (Juan 3:16).

Varios años después, siendo una viuda joven, me despertó la alarma del radio reloj al ritmo de George Beverly Shea cantando (con la voz más profunda que puedas imaginar): "Nunca dudes de Su amor. Nunca, no, nunca dudes de Su amor". Mientras cantaba el estribillo una y otra vez, con esa voz increíblemente profunda, me entregué a Dios diciendo: "Está bien, Dios, esto (ser viuda) no es para nada agradable, pero no voy a dudar de Tu amor por mí". Entonces **creí, por una cuestión de elección,** que Dios me ama individual y personalmente. Todo lo que tuve por muchos años fue mi compromiso de creer en el amor personal de Dios.

Mi desconocimiento sobre el amor de Dios fue revelado en un ejercicio grupal durante una orientación previa al servicio a la que asistimos poco antes de ir a España como misioneros. El psicólogo nos dijo a todos: "Bien, cierren los ojos. Imaginen que son una pequeña oveja. Jesús está allí, Él es el pastor... ¿qué es lo que hacen?" *Bien, me respondí a mí misma, simplemente dejaré que todos se vayan. Estoy segura de que llegará mi turno para que me acaricie.* Me vi a mí misma esperando en el fondo.

Una de las mujeres de la clase respondió con su voz sanguínea y aguda: "Simplemente fui corriendo hasta Jesús y salté a Sus brazos… ¡y Él me sostuvo!" Yo, por mi parte, pensaba con enojo, *¿Quién te crees que eres?* Bastante tiempo después, pude ver con claridad que ella experimentaba el amor de Dios con mucha más intensidad que yo.

Había estado pensando que debía retroceder, distanciarme del resto y aguardar mi turno. Nunca había tenido ni conocido ese lugar de acceso al amor de un padre. Juzgué a la otra mujer de egoísta y presumida, pero no lo era. Ella comprendía el amor de Dios. Ella respondía al deseo que Él tenía para ella con un entusiasmo infantil.

Dondequiera que estemos en ese proceso continuo de conocer y experimentar el amor de Dios, ¡siempre hay más! Dios quiere más que simplemente "acariciarnos" o darnos una palmada indiferente en la cabeza. Él quiere una relación. Le encanta que saltemos a recibir Su abrazo. Ama razonar y dialogar con nosotros, y le importan todos nuestros pensamientos y deseos. Adora brindarnos seguridad y protección, así como el amor apasionado del que **murió** sólo por mí… y sólo por ti.

> *Ella comprendía el amor de Dios. Ella respondía al deseo que Él tenía para ella con un entusiasmo infantil.*

Ahora, puedo sentir cómo Dios me sostiene a diario. Todos los días, Él canta y baila, celebrándome. Tenemos un lugar en los brazos de Dios, en Su corazón. Él tiene brazos tan grandes como para sostenernos a todos, y un corazón tan enorme como para ocuparse de los detalles de cada una de nuestras vidas, incluso de la cantidad de cabello que tienes en tu cabeza[1]. ¡No permitas que tu falta de experiencia en Su amor afecte tu creencia!

En los años que transcurrieron entre mi elección de creer en el amor de Dios y mi experiencia personal de ello, Dios me permitió experimentar muchas situaciones difíciles. (Si crees que ser viuda a los veinticuatro años es complicado, intenta ser misionero en España, lugar al que acertadamente se lo denomina "panteón de los misioneros"). Sin embargo, en esas épocas aprendí a **alabar**; aprendí a adentrarme en el corazón de Dios. Recibí Su amor personal hacia mí.

> *Tenemos un lugar en los brazos de Dios—en Su corazón. Él tiene brazos tan grandes como para sostenernos a todos, y un corazón tan enorme como para ocuparse de los detalles de cada una de nuestras vidas—incluso de la cantidad de cabello que tienes en tu cabeza[1]. ¡No permitas que tu falta de experiencia en Su amor afecte tu creencia!*

En este último tiempo, desde que tuve aquella visión afirmativa en Suiza, Dios me permitió experimentar Su amor más profundamente. Sucedió inmediatamente después de que mi esposo y yo volviéramos de unas vacaciones refrescantes, vacaciones que casi no tomamos porque mi madre estaba viviendo con nosotros y le habían diagnosticado cáncer hacía poco tiempo. Un domingo por la mañana, subí las escaleras para cuidar de ella. Cuando bajaba para prepararme para ir a la iglesia, experimenté un dolor, una carga, una sensación de que la responsabilidad era muy grande como para afrontarla por mi propia cuenta.

"Dios", me quejé, "esto es muy difícil, no puedo hacerlo".

"Eso me recuerda a la mentalidad del hermano mayor"[2], respondió.

Su respuesta tuvo mucho sentido para mí porque justo había terminado de leer el libro de Jack Frost, *Desde la Esclavitud Espiritual hacia la Filiación Espiritual*. En esencia, Dios estaba diciendo: "Cariño, escucha cómo suenas, suenas como el hermano mayor. ¡Pero eso no es lo que eres!"

Se encendió una luz en mi espíritu y de repente lo comprendí, exclamando: "¿Quieres decir que Papá se hará cargo de esto?"

"Sí, eso es lo que quiero decir", respondió. "Papá se ocupará de ello".

Al escuchar eso, la carga que sentía se disipó al instante. En ese momento ingresé a otra dimensión del amor de Dios. Por primera vez, pude llamar a Dios "Papá". La noción de Su protección y Su cuidado constante se profundizó aún más en mí. Comprendí que no podía hacerme cargo de todo y que tampoco era responsable de hacerlo.

Más allá de lo que Él nos llame a hacer o nos haga atravesar, Dios, a través de Su amor, nos brinda fortaleza y capacidad. Trastabillamos, nos caemos y fallamos cuando queremos hacerlo por nuestra propia cuenta, sin sostenernos en Él, sin esperarlo a Él y sin confiar en que Su amor nunca falla.

Ahora me propongo que todo lo que haga surgirá de un lugar de reposo, fluyendo y siendo un reflejo de esta relación de amor. ¡La vida de Cristo dentro de mí me empodera y me dirige hacia una victoria segura! Créelo, ya lo verás. Todos "hemos de ver la bondad del Señor en la tierra de los vivientes"[3].

Pasos hacia la Victoria

❖ ¿En qué etapa del proceso continuo de experimentar el amor de Dios te encuentras?

- Lo he aceptado como hecho
- He elegido creer que es verdadero para mí, personalmente
- Lo he experimentado en carne propia
- Lo he experimentado a un nivel más profundo
- Lo he experimentado en profundidad, pero quiero más

Pídele a Dios que te revele Su amor en un nivel más profundo, personal e íntimo. ¡Él lo hará!

Si en este momento no crees que Dios te ama a ti individual y personalmente, toma la decisión de **aceptar ese hecho** y comenzarás a experimentarlo progresivamente. Nuestras emociones y experiencias están regidas por nuestras elecciones. El verdadero deseo de Dios es revelarse a ti.

❖ Describe un momento en el que sentiste el amor y la satisfacción de Dios.

Reflexiona sobre esa experiencia. Recuerda la paz y la alegría que sentiste. Dile a Dios que quieres recibir su amor puro y renovado. Ve tras las formas en que Él te demuestra Su corazón lleno de amor para ti. Agradécele.

❖ ¿Cuándo tuviste la sensación que Dios estaba en contra tuyo?

Pídele a Dios que te ayude a ver esa situación bajo la luz de Su amor.

❖ Recuerda un momento en que las circunstancias parecían desalentadoras pero Dios dispuso todas las cosas para tu bien.

Usa eso como testimonio. Declara: "¡Dios está presente en mi vida y se compromete a serme fiel!"

❖ ¿Qué elecciones tomaron tus padres o qué incapacidad tuvieron para amarte como lo hace Dios? ¿De qué forma tus padres distorsionaron a Dios y a Su amor?

(Muchas veces obtenemos nuestra comprensión de Dios a través de las relaciones con nuestros padres. En la mayoría de los casos, los padres son imperfectos al representar el amor incondicional de Dios. No te preocupes, todos los padres se equivocan de una u otra forma. Nuestro propósito aquí no es culpar ni acusar a nuestros padres). A medida que vas identificando esas áreas, repite la siguiente oración.

Tómate un momento para declarar:

En el Nombre de Jesús, renuncio a la mentira que dice que Dios es como mi madre o mi padre (que Él te fallará y no te amará de igual manera).

Ejemplos:

Renuncio a la mentira de que Dios es como mi padre y nunca está conforme con nada de lo que hago, sin importar cuánto me esfuerzo.

Renuncio a la mentira de que Dios es como mi padre, y que Él está ausente o distante.

Renuncio a la mentira de que Dios es como mi padre, y que Él me castigará severamente hasta por la infracción más insignificante.

Renuncio a la mentira de que Dios es como mi madre, que únicamente me amará si hago lo que ella dice.

Renuncio a la mentira de que Dios es como mi madre, que tiene preferencias por mi hermana/o y le da las cosas que yo quiero.

Capítulo dos
¿QUIÉN REINA?

Cuando quedé viuda siendo aún muy joven, me encontré frente a una encrucijada, debiendo afrontar sin escapatoria una elección crucial. ¿Estaba dispuesta… podría entregarme al mandato y al reinado de Dios en mi vida? Mi reacción ante aquellas circunstancias fue como clavar una estaca en el suelo para mí. Fue fundamental en mi camino cristiano y marcó la forma en que reaccionaría ante situaciones futuras. Indudablemente sirvió para plantar los cimientos para la victoria que he experimentado y señalar el camino por el que transito.

Me casé con mi primer esposo, Jim, cuando tenía veintiún años. Tan solo tres años después, él falleció. Poco después de su muerte, estaba leyendo mi Biblia cuando me topé con la historia de Ana en el templo[1]. (Te recomiendo, más allá de cuán oscuras sean las circunstancias que atravieses en la vida, que te aferres a la Palabra; ¡es tu fuente, tu vida y tu esperanza!) Ana enviudó siete años después de casarse. (Es probable que haya tenido aproximadamente mi edad). Desde ese momento en adelante, día tras día, alabó a Dios en el templo hasta los ochenta y cuatro años. ¡Es decir, durante sesenta años!

Al leer la historia de Ana, sentí como si Dios me estuviera guiando a tomar una decisión en mi vida. Le respondí diciendo: "Dios, siento que me estás preguntado si reaccionaré como Ana. ¿Te alabaré todos los días de mi vida, incluso si ninguno de mis sueños se hace realidad? (Soñaba intensamente con tener un ministerio, una familia y una vida plena). ¿Aceptaré vivir una vida en la que todo lo que puedo "llegar a hacer" es alabarte y servirte 'en el templo' (¡como si eso significara realmente sufrir!)? *Mi respuesta fue sí*. Aunque ese no sea mi sueño, o incluso si no recibiera nada más en lo que me resta de vida (¡quizás sesenta años más!), lo acepto. Aún si no tengo un marido, hijos, un ministerio, una vida de 'importancia', si esa es **Tu** elección para mí, yo respondo que sí. **Te alabaré hasta el fin de mis días**".

Pero ninguna de las historias terminó allí. ¿Qué sucedió con Ana? ¡Ella pudo ver a Jesús! Pudo abrazarlo. Pudo contarle al mundo quién era Él. Su historia está escrita en la Biblia. ¿Estarías dispuesto a esperar sesenta años para que te suceda algo así?

¿Qué habría sucedido si Ana, sumida en la amargura, se hubiera alejado de Dios y se hubiera rendido después de cincuenta y nueve años? ¿Cuántas veces queremos rendirnos, sin saber que estamos muy cerca de abrazar a Jesús, o que estamos en la cúspide de cumplir nuestro destino (que era algo bueno desde un comienzo en el plan de Dios)? ¿Cuánto tiempo estás dispuesto a esperar y confiar en la bondad de Dios? Permítele ser el Señor. Él todo lo sabe.

Como sucedieron los hechos, no tuve que esperar hasta los ochenta y cuatro años, ni morir e ir al cielo sin haber cumplido mis deseos. Conocí a mi maravilloso esposo y me casé con él, tuvimos tres hijos fabulosos, y ellos también se casaron con personas increíbles. ¡Ahora cada vez tengo más nietos! Pero antes, tuve que tomar nota de las palabras de Apocalipsis 12:11: "Ellos (el enemigo) lo han vencido por medio de la sangre del Cordero y por el mensaje del cual dieron testimonio; no valoraron tanto su vida como para evitar la muerte", (paréntesis agregado). No amemos tanto nuestras vidas como para insistir en que las cosas salgan como queremos en ese preciso momento. Hay que aprender que Dios es Dios y que Él es bondadoso en cada momento.

Circunstancias versus realidad

Dios me presentó un nuevo desafío varios meses después, cuando **me**

mostró la diferencia entre las circunstancias y la realidad. Llamamos *"realidad"* a lo que podemos sentir y tocar. Sin embargo, lo que algo aparenta ser no siempre es lo que es. Por ejemplo, no puedo atravesar un escritorio de madera maciza con mi puño porque esa madera aparenta ser, y la ciencia confirma que lo es, sólida. Pero la realidad es que, aunque no lo parezca, está compuesta en su mayoría de aire. De igual modo, nuestras circunstancias muchas veces no son lo que aparentan, y hacemos bien en interpretarlas a la luz de la presencia de Dios y de Su Palabra.

Un día, leyendo mi Biblia llegué a Romanos 8:32: "El que no escatimó ni a su propio Hijo, sino que lo entregó por todos nosotros, ¿cómo no habrá de darnos generosamente, junto con él, todas las cosas?" Exclamé, gritando: "¡Disculpa, Dios! ¡No me digas eso! Me sacaste todo. Te llevaste todo lo que tenía, todo lo que deseaba, todos mis sueños para el futuro. ¡Te lo llevaste todo! ¡No me has dado todo! ¡Este versículo no es real en mi caso!" (Está bien ser honesto y compartir tus pensamientos y sentimientos reales con Dios. No recibí ningún castigo por decirle cómo me sentía y, además, Él ya lo sabía).

Aunque lloré por la amargura que sentía al ser una viuda joven, eso no era todo lo que había perdido. Había perdido a mi esposo y a nuestro futuro juntos. Pero también había perdido a mi hijo, porque en la época que falleció mi esposo, estábamos en el proceso de adopción de un niñito. Él había estado con nosotros en adopción temporal durante nueve meses, ya había empezado a llamarme "mamá". Perdí mi trabajo porque era la esposa de un pastor. (¡No se puede ser la esposa de un pastor si no está el pastor!). Perdí mi hogar porque estábamos viviendo en una casa pastoral. Juguetes desparramados, sueños rotos y un enorme vacío era lo único que me había quedado. Perdí todas las esperanzas, todos mis sueños, todo lo que tenía valor para mí. *Y por eso le grité a Dios que mis circunstancias contradecían Su Palabra.*

Dios fue tan bueno conmigo. "Krisann", me dijo, "lo siento". Pero no dijo "lo siento" como si hubiera cometido un error. Por Su tono, pude percibir que estaba lleno de compasión, genuinamente apenado y hasta lloraba conmigo (por así decirlo). Sufría junto a mí. Sin embargo, también marcó una corrección en mi camino inmediatamente después de mostrarme Su empatía. "Lo siento", dijo "pero si no puedes creer este versículo y eliges descartarlo, estarás de la misma manera descartando el resto de la Biblia. No puedes elegir a dedo. Si te rehúsas a creer en mi amor por ti (como se describe en ese versículo), entonces tampoco puedes creer en tu salvación". (¡Esas palabras fueron muy duras!)

"Ahora, haz tu elección", continuó. "Tienes que decidir: o crees en todo… o no crees en nada. ¿Creerás o no en mi amor? ¿Confiarás en mi Palabra y dejarás de focalizarte en tus circunstancias?" Dije que sí, y eso cambió el rumbo de mi vida.

Le estaré por siempre agradecida a Dios por mostrarme esa verdad. Desde ese momento, comprendí que lo que veo en mis **circunstancias** no es la **realidad**. Dios nos pide que dejemos de focalizarnos en las circunstancias y que confiemos en Él. La realidad no es lo que vemos y experimentamos, es lo que la Palabra de Dios dice que es la **realidad**. Eso es la verdad. Es posible que nuestras circunstancias no luzcan o se sientan bien. Puede parecer que contradicen Su Palabra. Ahí es cuando debemos mantenernos firmes en nuestra creencia de que Su Palabra siempre es acertada y verdadera. Las circunstancias pueden mentirnos, incluso hacernos gritar que Dios no tiene el control o que no le interesamos, por eso no las observes. Recurre a la Palabra de Dios, que es la realidad y revela la verdad.

Los aspectos difíciles de nuestras vidas son un sufrimiento leve y momentáneo[2]. Busca *lo que no se ve* y no te concentres en lo que sí se ve, en las cosas que son temporales[3]. (¡Dios me dio aquel versículo el día del funeral de mi primer esposo! Me estaba mostrando en que debía focalizarme. "No mires el cuerpo. Observa la verdad y confía en mí").

Todos los días elijo creer en la Palabra de Dios por sobre mis circunstancias. Él me ha dado todo lo necesario para la vida y la piedad[4]. Tengo un futuro y una esperanza[5], incluso si por momentos no parece así. Aunque me lleve toda la vida recibir la totalidad de las promesas de Dios para mi vida, creeré que siempre son verdaderas. Debemos aferrarnos a lo que es verdadero. Lo que veo, siento y experimento son sólo hechos y circunstancias, no muestran la verdad ni la realidad. La verdad es más grande que un hecho, y debemos vivir nuestras vidas conforme a la verdad y no de acuerdo a lo que vivimos en un momento particular de la vida.

Hablando de realidad, ¡el cielo es real! En esa etapa de mi vida, la promesa del cielo era lo único a lo que podía aferrarme. Entonces, con una firme determinación, dije: "Está bien", pensando que de ser necesario, podría esperar otros sesenta años. Puedo sentirme sola, triste u olvidada. Pero voy a aferrarme a Dios sabiendo que algún día finalmente seré feliz y estaré en paz. A veces, el futuro es lo único que nos da esperanza. Cuando nos entregamos a la espera, le damos lugar a la paz y luego a la expectativa.

Lo cierto es que podemos tener confianza, expectativa y esperanza porque el deseo de Dios es bendecirnos en esta tierra. Sin embargo, debemos cuidar que nuestra esperanza no se convierta en una demanda para que las cosas se hagan a nuestro tiempo y forma.

*Dios nos pide que dejemos de focalizarnos en las circunstancias y que confiemos en Él. La realidad no es lo que vemos y experimentamos, es lo que la Palabra de Dios dice que es la **realidad**. Eso es la verdad.*

Su señorío es fundamental para la victoria

Es fundamental que experimentemos el amor de Dios y creamos que bendecirnos es Su deseo. Si no comprendemos que Su corazón siempre está para nosotros, no podremos aceptar Su Señorío. Después de todo, no somos masoquistas ni insensatos; nadie quiere ser gobernado por un tirano.

Someterse al señorío de Dios es **fundamental** para vivir en la victoria. A menudo escuchamos las mentiras del enemigo sobre la naturaleza de Dios. Escuchamos las mentiras del enemigo sobre quienes somos nosotros. Y luego concluimos que necesitamos hacernos cargo de nuestras propias vidas. De esa forma, harás que tu libertad tenga cortocircuitos, la inhibirás si no dejas que Jesucristo sea el Señor. Jesús vino para ser el Señor. El

Nuevo Testamento usa ese título para referirse a Él más que cualquier otro título. Debemos darle ese lugar en nuestras vidas.

Cuando nos entregamos a la espera, le damos lugar a la paz y luego a la expectativa.

Mi experiencia de salvación fue inusual. Ingresé a la universidad con la comprensión interior, aunque aún no descubierta, de que Dios era muy importante. Esta comprensión estaba ligada a un deseo igualmente fuerte, pero inconsciente, de conocerlo. Tal es así, que embalé una Biblia moderna de bolsillo para llevarla conmigo en mi nueva aventura. Sin embargo, pronto me encontré experimentando lo peor de la vida universitaria, incluso asistiendo a fiestas cerveceras los jueves por la noche y recibiendo invitaciones para consumir drogas recreativas. Aun así, Dios me estaba acercando a Él.

Un día, estuve durante tres horas en la liberaría haciendo fila junto a una joven con un botón atado a su cartera que decía "Jesús es el Señor". Nos pusimos a conversar mientras esperábamos nuestro turno para comprar los libros y luego me invitó a una reunión de Intervarsity Christian Fellowship. Los carteles que había visto en la ciudad universitaria me llamaron la atención: "El cuerpo de Cristo sigue con vida. ¡Únete a Él los viernes!" Fui llena de curiosidad y expectativa.

Les dije a mis compañeros del grupo de estudio bíblico que había renacido el verano anterior. Honestamente, había escuchado mencionar ese término pero no tenía la menor idea qué significaba. Aceptaron mi inmadurez cristiana y me recibieron como creyente. Hice todo lo que pude para aplicar las enseñanzas de la semana en mi vida, pero luchaba con mis contradicciones cada vez más grandes. Durante más de un mes, estuve participando de las fiestas cerveceras los jueves y del estudio bíblico los viernes, y no quería que ninguno de los grupos se enterara de mi participación con el otro. Había comenzado a consumir marihuana y estaba a punto de probar otras drogas.

Un viernes, la clase se trató de la oración y el ayuno. Elegí un día de la semana siguiente para buscar a Dios de esa forma. Alrededor de las 8 de la noche, después de orar y ayunar durante todo el día, me encontraba orando de rodillas en mi dormitorio. Me quejé ante Dios: "Señor, mi vida es un desastre. ¿Podrías ayudarme? ¿Podrías arreglar mi vida?" Y Él me respondió: "*No puedo, a menos que me entregues tu vida*". ¡Fue increíble!

Dios nos ha dado poder mediante nuestro libre albedrío. Generalmente, Él no interviene ni intervendrá, a menos que nos hagamos a un lado. Le respondí: "¡Aquí la tienes... tómala! ¡A mí no me está dando resultado!" Luego lo declaré el Señor de mi vida. Le di el control. Mi propósito desde ese momento en adelante fue vivir mi vida para Jesús, sometida a Él.

Sentí cómo Dios me llenaba de la cabeza a los pies. Y vi una imagen en mi mente de tres cruces, una de ellas a un costado. Luego supe que la cruz a un costado significa "todo se ha cumplido", representa la muerte y la resurrección. Fue un día de "Pascua" para mí cuando declaré a Jesús como el Señor de mi vida. Seis semanas después, escuché hablar de la salvación en nuestro grupo de estudio bíblico de los viernes, y dije: "Oh Dios, si no llegaste a mi vida como Salvador cuando viniste como Señor, por favor hazlo ahora". Me pareció oír una risita en el cielo.

No vayas a ningún lado sin tener a Jesús como tu Señor, sin darle el control de tu vida. Él no arreglará tu vida si antes no se la entregas. ¡Jesús hace un trabajo mucho mejor al conducir nuestras vidas de lo que jamás podríamos hacer nosotros por nuestra propia cuenta! Muchas personas lo llaman el Salvador. Dicen: "Te tendré mientras pueda usarte... mientras cumplas mis necesidades y hagas lo que me satisface". Pero no logran ocupar el lugar de Job, que dijo: "¡Que me mate! Pero mi esperanza está en Él. (Job 13:15). Tampoco se comportan de acuerdo al versículo que enseña que la arcilla no tiene derecho de cuestionar al alfarero, porque dicen: "¿Por qué me creaste así?"[6] Se disgustan con las circunstancias de la vida y se sienten decepcionados por el Dios que, según lo que ellos *creen*, no tiene en cuenta sus principales intereses.

Te ruego que entiendas que Dios tiene el derecho absoluto de reinar. Nosotros no tenemos ningún derecho o justificativo para decirle que debemos ser los que controlemos nuestras propias vidas. Al contrario de las acusaciones de Satanás, la voluntad de Dios para mí siempre conlleva amor y bondad. Aun así, he aprendido que esta vida se trata y debe tratarse de Él, no de mí ni de vivir para mí misma. He sentido una gran libertad al decidir que el único propósito de mi vida debía ser igual al del apóstol Pablo: "Y en unión con Cristo Jesús, Dios nos resucitó y nos hizo sentar con él en las regiones celestiales, para mostrar en los tiempos venideros la incomparable riqueza de su gracia, que por su bondad derramó sobre nosotros en Cristo Jesús" (Efesios 2:7-8, NBD). Vivo por Él y sólo por Él. Gracias a esta decisión, soy libre… todos los días.

Vivo por Él y sólo por Él. Gracias a esta decisión, soy libre… todos los días.

Pasos hacia la Victoria

❖   Toma la decisión de permitirle a Jesús gobernar y reinar en tu vida. Decláralo tu Señor. Elige alabar a Dios cada día de tu vida.

❖   Interactúa con Dios. Analiza con Él las circunstancias y sé honesto al hablarle de tus emociones. ¿Qué es lo que te deja descontento sobre la forma en que marchan las cosas? ¿En qué aspectos de la vida quisieras ser el señor para poder elegir otras circunstancias diferentes? Exprésale tus pensamientos a Dios con honestidad.

❖   Ahora toma la decisión de creer que la Palabra de Dios es la verdad y que es más importante (más verdadera) que tus circunstancias (lo que has percibido como la realidad) ¿Estás dispuesto a decir que Dios es quien más sabe y que Él es siempre bondadoso?

❖   Levántate y proclama las promesas de Dios. Pídele que te entregue palabras que sobresalen de la página mientras lees la Biblia. Recíbelas en silencio hasta que se conviertan en algo que puedas sentir y tocar. Encuentra una promesa en la Palabra de Dios que puedas proclamar y a la que puedas aferrarte. Recíbela y cree en ella.

❖   Hay una hermosa canción antigua que se titula "If We Could See beyond Today as God Can See" ("Si pudiéramos ver más allá del hoy, como puede hacerlo Dios"). Busca la letra. Pídele a Dios que aquiete tu corazón mientras esperas. Una maravillosa canción moderna es "I Have to Believe" ("Tengo que creer") de Rita Springer. Únete a ella para proclamar tu fe y tu confianza en Dios.

Capítulo tres
DESMANTELAR LAS FORTALEZAS

Estaba trabajando en la cocina mientras mis hijos jugaban en el dormitorio de mi hija, enfrente del vestíbulo. Su discusión me colmó la paciencia, por lo que irrumpí en el dormitorio para pedirles que se tranquilizaran. Con enojo y frustración, giré mi brazo para darle una bofetada en la cabeza a mi hijo del medio, quien se dio vuelta en el momento más inoportuno. Toda la fuerza de mi mano abierta cayó sobre él y lo golpeé muy cerca del ojo con mi alianza. Ese golpe estaba destinado a dejarle un moretón antiestético. *Dios mío*, pensé, *¿qué van a pensar todos de me mí ahora? Dios, ¿soy una mujer capaz de maltratar a sus hijos?*

¿Qué pretexto tenía para prácticamente volverme violenta? Los pretextos eran muchos. Pero en ese momento, supe que debía controlar mi ira. Afortunadamente, pronto encontré los recursos que necesitaba para cambiar la dirección de mi vida. Lo que primero aprendí fue a reconocer el impacto del pecado personal y generacional, así como a identificar la forma en que podía vencer esa esclavitud en mi vida. Todos tenemos áreas de derrota contra las que luchamos. La primera de la que me ocupé fue la ira.

En ciertas ocasiones, los problemas de nuestras vidas simplemente surgen como consecuencia de vivir en un mundo caído. En otras, son el resultado de las fortalezas que nuestro enemigo, Satanás, ha erigido en nuestras vidas.

Las dificultades de la vida sacan a la superficie lo que está dentro de nosotros. Podemos aprender a darle la bienvenida a las tormentas, admitiendo que son útiles porque exponen las áreas de vacío y de pecado. Piensa en ellas como el oro refinado por el fuego. A medida que el fuego revela y elimina las impurezas, el oro se vuelve cada vez más puro. Es cuando esas impurezas salen a la luz que podemos tratarlas y eliminarlas. Mientras las impurezas permanezcan **ocultas**, el oro seguirá siendo impuro. A medida que continúes leyendo, otórgale a Dios el permiso de exponer tus áreas de pecado y de necesidad.

> *Todos tenemos áreas de derrota contra las que luchamos...En ciertas ocasiones, los problemas de nuestras vidas simplemente surgen como consecuencia de vivir en un mundo caído. En otras, son el resultado de las fortalezas que nuestro enemigo, Satanás, ha erigido en nuestras vidas.*

El derecho legal de Satanás

Las fortalezas de nuestras vidas provienen de todas las diferentes formas en que Satanás pudo acceder a nuestras vidas. (A medida que vayas leyendo este libro, conocerás cómo tuvo acceso mediante: el pecado, las maldiciones y esclavitudes de nuestros ancestros; el pecado personal habitual; la falta de perdón; los traumas y las experiencias de vida traumáticas; y el ocultismo). Las fortalezas son áreas de derrota generalmente marcadas por un patrón de pecado, confesión, pecado, confesión, pecado, confesión, y así sucesivamente. Son hábitos tan arraigados que no nos damos cuenta de que hacemos un pacto con ellos antes de seguirlos por el camino del pecado y la desobediencia. A veces, creemos que las fortalezas y los hábitos pecaminosos son simplemente parte de nuestra personalidad. ¡Incluso pensamos erradamente que así es como Dios nos hizo! Nos sentimos incapaces de cambiar. (Abordaremos diversos tipos de fortalezas en este libro).

Satanás tiene que tener el derecho legal o el permiso para intervenir en nuestras vidas y crear fortalezas. Conocer cuál es la puerta de ingreso y cuál es la forma mediante la cual obtuvo el permiso para entrar es esencial a la hora de desarrollar una estrategia que nos permita deshacernos de él y de su influencia.

Una de las formas en que Satanás obtiene el derecho legal para oprimirnos es mediante el pecado personal y ancestral. Primero, experimentamos la influencia hacia el pecado de la misma forma que nuestros ancestros. Luego, cometemos nuestro primer pecado en esa área. Dicho pecado pasa a ser habitual a medida que los seguimos repitiendo. El pecado habitual nos lleva a la esclavitud; y entonces allí vivimos—en la esclavitud—estancados y derrotados.

> *Las fortalezas de nuestras vidas provienen de todas las diferentes formas en que Satanás pudo acceder a nuestras vidas…Satanás tiene que tener el derecho legal o el permiso para intervenir en nuestras vidas…*

La influencia de las generaciones pasadas

La madre de Marla, aunque estaba casada, fue presionada por su marido para realizarse dos abortos. Eso sucedió antes de que el aborto se legalizara. Nunca se lo contó a nadie hasta que estuvo a punto de morir. Su hijo era un adulto joven cuando su novia adolescente quedó embarazada y se realizó un aborto. Ellos no lo compartieron con nadie. Más adelante, la novia del nieto de Marla también abortó.

¿Alguna vez escuchaste decir o pensaste que el divorcio o el alcoholismo son herencias de familia? Si miramos a nuestro alrededor, vemos grupos familiares que comparten los mismos defectos y pecados. Esto se debe a algo más que la predisposición genética o a las influencias del ambiente. Existe también un componente espiritual. Dios creó a la familia. La diseñó para que fuese el mecanismo a través del cual se transfieran las bendiciones. Sin embargo, las familias se vuelven disfuncionales (por culpa del pecado) y, a cambio, llegan maldiciones.

En Éxodo 34:6-7, leemos que Dios no dejará partir impune al culpable, sino que castigará a sus hijos y a los hijos de sus hijos por el pecado de los padres, hasta incluso llegar a la tercera o cuarta generación. La Versión de la Reina Valera lo traduce con mucha precisión y claridad. En lugar de usar la palabra "castigar", se dice que Dios "visita la iniquidad" de los padres sobre los hijos. Está claro que cada persona es responsabilizada y condenada a muerte por su propio pecado personal[1]. No estamos culpando a nuestros padres por nuestras acciones. Sin embargo, sus pecados y los de nuestros ancestros le han **abierto la puerta** al enemigo, y la presión recae sobre nosotros para que pequemos en las mismas áreas en las que ellos pecaron.

El concepto de *"visitar la iniquidad"* es como cuando voy a ver a mis hijos, que ya son grandes y tienen sus propias familias. Me encanta visitarlos. Después de que me reciben en sus hogares, me siento en su sofá. Me da felicidad ir corriéndome y sentarme muy, muy cerca de ellos, rozándoles los hombros y presionándolos para achicar la distancia entre nosotros. De la misma forma, si los pecados de tus ancestros le dan permiso, Satanás entrará a tu casa, se desplomará sobre el sofá y comenzará a aplicar presiones. A menudo, cuanto más prevalezca un pecado particular dentro de una familia, más presión sentirán sus miembros para cometer ese mismo pecado. Satanás no golpea la puerta como un caballero (como lo hace Jesús), ni toca el timbre como lo hago yo. En cambio, él se desliza de improviso y sin darse a conocer. Si no conoces su estrategia y no te proteges de él, probablemente caigas en los mismos pecados que cometieron tus ancestros.

Comprender el corazón de Dios

No tengas otros dioses además de mí.

No te hagas ningún ídolo, ni nada que guarde semejanza con lo que hay arriba en el cielo, ni con lo que hay abajo en la tierra, ni con lo que hay en las aguas debajo de la tierra.

No te inclines delante de ellos ni los adores. Yo, el Señor tu Dios, soy un Dios celoso. Cuando los padres son malvados y me odian, yo castigo a sus hijos hasta la tercera y cuarta generación. (Éxodo 20:3-5)

Observa el mismo principio en Éxodo 20. El mensaje es prácticamente el mismo que en Éxodo 34, pero adoro la diferencia que existe entre ambos. Justo antes de mencionar que Dios castigará a los hijos por la iniquidad de los padres, dice: "No te hagas ningún ídolo, ni nada que guarde semejanza con lo que hay arriba en el cielo, ni con lo que hay abajo en la tierra" (Éxodo 20:4), porque Dios es un Dios celoso. Si lo haces, tus hijos se verán afectados. Dios está diciendo: *"No tengas ídolos"*. Se supone que **no debemos tener otra fuente o deseo aparte de Dios**. ¿Por qué? Porque los ídolos **roban**. Porque nos mantienen alejados de su **relación**. Dios es celoso de su relación. Por lo tanto, nos advierte de antemano.

Eso es exactamente de lo que tratan esas escrituras. Constituyen una advertencia. Hay una ley espiritual en vigencia, que es tan real como la ley de gravedad, y Dios quiere que lo sepamos.

En una oportunidad, cuando tenía bastante más de cincuenta años (la edad suficiente como para ser más consciente), bajé corriendo un sendero de montaña. Estábamos de vacaciones con mi familia y tenía las piernas cansadas después de un largo día de practicar montañismo. Me parecía que iba a esforzarme menos si corría en vez de caminar. Entonces corrí. De repente, una persona se cruzó en mi camino. Incapaz de reducir la velocidad, intenté cambiar la dirección y bajé a toda velocidad hasta que ¡*plaf*!

Dios no suspende la ley de gravedad cuando nos comportamos ingenuamente. Tampoco suspende las leyes y principios espirituales que ha impuesto para nuestro bien. En estos pasajes, Dios nos cuenta que existe una ley espiritual. Dice, esencialmente: "*Ámame por sobre todas las cosas*". Quiere que conozcamos este principio y nos atengamos a él. Si así lo hacemos, nos ahorrará a nosotros y a futuras generaciones mucho dolor.

Dios tiene derecho a ser celoso porque lo cierto es que le pertenecemos. Dios es tan celoso de nuestra relación que no quiere que ningún ídolo se interponga entre Él y nosotros. Se nos advierte, como yo les advertía a mis hijos (especialmente cuando eran adolescentes): "¡No tomes ese camino! Te amo, no quiero verte sufrir, y sé cuáles serán las consecuencias si haces esa elección". Dios nos dice que cuando optamos por el pecado y permitimos que los ídolos nos priven de nuestra relación con Él, el daño que se genera es tan grave que afectará a las generaciones venideras.

Destruir el poder del pecado generacional

Un pecado generacional de ira me había estado presionando. La ira prosperaba en mi hogar donde crecí. Mi padre solía ponerse violento y sus gritos eran algo frecuente. Por mi parte, yo temía y hasta odiaba su ira. Su pecado abrió una puerta, dándole permiso al enemigo para intervenir y predisponerme a pecar en esa misma área. Hice un pacto con ese pecado, me enojaba cada vez más y expresaba ese enojo negativamente, lo que terminó siendo una maldición en mi vida.

Las maldiciones nos predisponen a fallar y yo realmente había fracasado al controlar mi ira. Cada vez que participé de ese pecado, le permití a Satanás colocar otro ladrillo más en esa fortaleza en mi vida. Reaccionar con ira se me había vuelto un hábito, una ira siempre desproporcionada con respecto al hecho. Un mínimo error de otra persona ya bastaba para hacerme explotar.

> *Si confesamos nuestros pecados, Dios, que es fiel y justo, nos los perdonará y nos limpiará de toda maldad.*
> (1 Juan 1:9)

Por eso, confiésense unos a otros sus pecados, y oren unos por otros, para que sean sanados. (Santiago 5:16)

La ira fue la primera gran fortaleza en mi vida que debía ser destruida. Uno de los primeros principios de la sanación que aprendí es que **cuando confesamos nuestros pecados, desmantelamos las fortalezas que tenemos en nuestras vidas.** Según la Primera de Juan 1:9, la barrera entre Dios y yo se disipa cuando confieso mis pecados. Porque recibo el perdón y la purificación. **Además, la confesión de mis pecados a otra persona da lugar a la sanación.** Cuando confieso mis pecados a otra persona, desarmo al enemigo. Por medio de la confesión, mis pecados salen a la luz y no dejo nada oculto que el enemigo pueda usar para acusarme. Cuando nuestros pecados salen a la luz, la vergüenza ya no puede intimidarnos.

> Dios nos dice que cuando optamos por el pecado y permitimos que los ídolos nos priven de nuestra relación con Él, el daño que se genera es tan grave que afectará a las generaciones venideras.

Todos hemos pecado. Nadie es superior ni está exento. Todos necesitamos de la cruz. Es gracias a la cruz que podemos caminar en la santidad y la virtud. Se nos retiran nuestros pecados y la muerte que merecemos. Cuando confieso mis pecados y los pecados de mis ancestros, le anuncio a Satanás y a los poderes de tinieblas que cada pecado específico está clavado en la cruz.

A medida que Satanás construía una fortaleza de ira en mi vida, ladrillo a ladrillo, Dios me enseñaba a desmantelarlo de manera similar. Me enseñó el principio de la confesión: cuanto **más específica y profunda sea mi predisposición a animarme a confesar mi pecado, más completa será mi sanación.** Me indicó que empezara a confesar mi ira empezando por el presente. Entonces, comencé a confesar mi ira como pecado. Confesé cada hecho importante y cada relación que se vieron afectados por mi ira. Empecé por los pecados actuales y luego fui volviendo hacia atrás por períodos de tiempo, hasta llegar al momento en que tenía diez años.

Recuerdo una vez, cuando tenía diez años, que estaba parada en las escaleras que daban a la sala de estar de mi casa, gritándoles obscenidades a mis padres. Pensaba que mis acciones estaban justificadas por lo que, según creía, era una ofensa de parte de ellos. Sin embargo, lo que hice fue deshonrarlos y la forma en que expresé mi ira era pecaminosa. Ese fue el momento en que le abrí la puerta al pecado de la ira y *Satanás colocó la piedra angular de esa fortaleza.*

Después de ese episodio, cada vez me resultaba más y más fácil pecar de la misma forma. Cada pecado era otro ladrillo que iba construyendo poco a poco una fortaleza (un castillo). Cuando terminé de confesar el pecado de mi ira a los diez años, no tuve recuerdos de ira anteriores que confesar. Eso me confirmó que ese hecho fue ciertamente la *puerta de ingreso* de la ira en mi vida. No noté ningún sentimiento lindo mientras me confesaba pero, después de ese momento, ¡ya casi no me molestaba por nada!

Principios de la confesión

Cuando nos confesamos, llegamos a un acuerdo con Dios y decimos lo mismo sobre nuestro pecado que Él. ¿Qué es lo que Él dice? Dice que pecar está mal y que tiene consecuencias en nuestras vidas y en las vidas de los demás. Debemos llegar al punto en el que estemos de acuerdo con Él. Debemos aceptar que está mal lo que hicimos, lo que dijimos, la forma en que actuamos, la mala actitud que expresamos o lo que no hicimos que deberíamos haber hecho. Debemos confesar que eso también le costó la vida a Cristo.

El arrepentimiento y la confesión van de la mano, pero no son la misma cosa. Confesarse es decir lo mismo que dice Dios. Arrepentirse es cambiar. Puedes haber ofendido o herido a alguien y luego pedirle disculpas. Sin embargo, si no sabes de dónde proviene ese pecado, si no sabes por qué lo cometiste o si no sientes un pesar divino por ello, continuarás en la misma dirección. Dios pide que nos arrepintamos, que cambiemos y modifiquemos nuestro rumbo.

> *Cuando confieso mis pecados y los pecados de mis ancestros, le anuncio a Satanás y a los poderes de tinieblas que cada pecado específico está clavado en la cruz.*

Segunda de Corintios 7:10 dice que la tristeza según Dios produce el arrepentimiento, pero la tristeza del mundo produce la muerte. En Su bondad y Su amor, Dios nos guía al arrepentimiento². Él no está sentado en Su trono celestial con un martillo en la mano, proclamando: "¡Mal, mal, mal, eres tan malo!" En Su bondad, Dios nos conduce al cambio. Si sólo estamos arrepentidos por las consecuencias de nuestro pecado o tristes porque herimos a alguien que se enojó con nosotros, no hemos experimentado nada más que el pesar terrenal. Si sólo estamos arrepentidos porque alguien nos descubrió y ahora afrontaremos una pérdida o tendremos que pagar por nuestro pecado, nunca cambiaremos nuestro rumbo.

Dios quiere que conozcamos la verdad de lo que realmente significó nuestro pecado. Para lograrlo, debemos comprender qué provocó nuestra conducta, cuáles fueron las consecuencias, y debemos tomar la decisión de cambiar y tomar otra dirección. *Cuanto más te hagas cargo de tu pecado, más libertad obtendrás.* Si pecaste y quieres llegar a la raíz del motivo por el que lo hiciste, deberás realizar una confesión específica, volviendo al momento en donde todo comenzó. También deberás reconocer las consecuencias de dicho pecado ¿Cuál fue el costo para otra persona? Di lo mismo que Dios sobre tu pecado. Cuanto más específica sea nuestra confesión, más profunda será nuestra libertad.

No es suficiente decir que estamos arrepentidos o siquiera sentir arrepentimiento. Eso no es suficiente para la persona a quien lastimamos u ofendimos, y mucho menos para Dios.

¿Sabes que los opuestos se atraen? Gary, mi esposo, y yo tenemos los mismos valores esenciales, pero nuestras personalidades son bastante diferentes. Yo soy una comunicadora. Mi compromiso es con la verdad. Ese es uno de mis valores más destacados. El motivo por el que estoy comprometida con la comunicación y la verdad es porque estoy comprometida con mi relación. Gary, por otro lado, es el pacificador. Los pacificadores son geniales, una verdadera bendición, pero en un matrimonio o en una relación, la paz puede ser simplemente una vía de escape.

Gary quería la paz para nuestro matrimonio, mientras que yo quería la verdad. Eso a menudo generaba conflicto. El modo incorrecto de Gary de confesarme sus errores se asemejaba a la forma equivocada en que muchos confiesan su pecado a Dios. Gary percibía que algo no estaba bien entre nosotros, entonces se acercaba y me decía: "lo siento". Él podía ver que yo estaba dolida, ofendida, triste o enojada, entonces me pedía disculpas. No sabía de qué modo me había ofendido (incluso a veces hasta no había hecho nada malo), pero igualmente se disculpaba.

"Lo siento", me decía.

"¿Por qué?" preguntaba yo. La pregunta parece bastante lógica, ¿verdad?

"Por hacerte enojar", me respondía.

¡Esa no es la respuesta correcta! En primer lugar, al decir lo que dijo, me estaba culpando indirectamente a mí por el problema que había entre nosotros. Segundo, él no aceptaba ninguna responsabilidad por nada. En ese momento, simplemente me estaba culpando por mi actitud. El sólo quería que el problema desapareciera, no le interesaba cambiar de dirección. Para poder confesarse y arrepentirse, debía examinar sus acciones y actitudes para determinar y aceptar su parte en el conflicto, si es que tenía algo que ver.

¿Cuántas veces nos confesamos de manera semejante ante Dios? Estamos motivados por un deseo de lograr un cambio y no por el deseo de llegar a la verdad. Por ejemplo, puedo sentir que todo me está saliendo mal en la vida y que se me viene el mundo abajo. Luego, posiblemente piense que eso se debe a que Dios está ofendido conmigo. Entonces le diré "lo siento" para sacármelo de encima con la esperanza de que las cosas cambien (¡como si alguna vez Él hubiese estado encima mío!)

En realidad, quizás, he visto que he hecho algo mal y le he dicho a Dios lo siento. Pero al fondo creo que Dios, de alguna manera, es la causa de mis problemas. Entonces digo las palabras, pero mi corazón no está de acuerdo con ellas al cien por ciento. Esto es incorrecto y no ayuda.

Confesarse es decir lo mismo que Dios acerca de nuestro pecado. ¿Fue entonces el pecado la verdadera causa de mis problemas? Quizás. Si es así, debo comprender qué hice mal e intentar descubrir cuándo o dónde se originó ese pecado. Tengo que reconocer las consecuencias de ese pecado sobre mí misma, sobre los demás, sobre Dios y sobre Su Reino. Nuestro pecado siempre genera una consecuencia, un lío que alguien debe arreglar, y eso es algo que debemos tener bien claro. Recién entonces podemos arrepentirnos. Es imposible realizar un cambio de 180 grados si no sabemos en qué dirección avanzábamos anteriormente.

Resistirse a confesarse entorpece la relación

Muchas personas se rehúsan a confesarse porque experimentan una profunda vergüenza. Tenemos egos muy frágiles, así como una gran necesidad de vernos bien. Nos protegemos porque creemos que si admitimos nuestro pecado, eso nos convierte en malas personas. Algunos se resisten a confesarse por orgullo: "¡No voy a ver si existe algún pecado en mi vida porque no quiero encontrarme con ninguno!"

Cuando me convertí al cristianismo, me enseñaron lo que ahora considero una doctrina errónea: la perfección libre de pecado. Inconscientemente pensaba que si podía ser perfecta, ya hubiera querido ser así. Eso me impidió observar el pecado en mi vida (para no tener que admitir que era y soy imperfecta). Nunca confesaba mis pecados, lo que fue enturbiando las aguas. Nuestro pecado pone una barrera entre Dios y nosotros, y *embarra* la relación. (¡Y yo necesitaba un buen baño!)

Recuerda lo que 1 Juan 1:9 nos dice acerca de limpiarnos: "Si confesamos nuestros pecados, Dios, que es fiel y justo, nos los perdonará y nos limpiará de toda maldad". ¿Sabes lo que viene después de 1 Juan 1:9? ¡La Primera de Juan 1:10! Esto quiere decir que si declaramos que no hemos pecado, lo estaremos llamando embustero a Dios. El resultado es que la Palabra no tiene lugar en nosotros. **¡Jesús es la Palabra!** *Quiero que Jesús ocupe un lugar enorme en mi vida.* Por lo tanto, confesaré mi pecado. Quiero que mi pecado y mi error queden expuestos. No quiero que nada me aleje de la vida de Jesús. Quiero llevar la presencia de Dios a cada lugar donde voy. Es por eso que amo confesar mi pecado. No tengo por qué avergonzarme al hacerlo. "Ahora, pues, ninguna condenación hay para los que están en Cristo Jesús[3]".

Pasos hacia la Victoria

❖ Lee el Salmo 139. Pídele a Dios que busque en tu corazón y vea si detecta malas conductas en ti, al igual que como lo hizo David en el versículo 24. Las malas conductas no necesariamente son algo vil, pueden ser también algo retorcido o doloroso. Si nos desviamos del camino aunque sea mínimamente, al principio no lo notaremos. Pero cuanto más permanezcamos en esa dirección, más nos alejaremos. ¿Qué poder tiene Satanás sobre tu vida? ¿Cuáles son tus áreas de pecado, derrota o lucha?

La solución de Dios

❖ Dios nos exige confesar los pecados de nuestros ancestros:

> *"Pero si confiesan su maldad y la maldad de sus padres, y su traición y constante rebeldía contra mí, las cuales me han obligado a enviarlos al país de sus enemigos, y si su obstinado corazón se humilla y reconoce su pecado,*

entonces me acordaré de mi pacto con Jacob, Isaac y Abraham, y también me acordaré de la tierra". (Levítico 26:40-42)

❖ Cuando confieso mis pecados, así como los pecados de mis padres y ancestros, estoy diciendo que Dios me acredita lo que Jesús hizo en la cruz (Él murió para pagar la pena correspondiente a este pecado). Estoy declarando que el pecado y su pena fueron clavados a la cruz y allí concluyen. Al confesar este pecado, destruyo el contrato legal que Satanás tiene en mi contra. **Le quito el derecho legal que tiene de usar ese pecado en mi contra y soy restaurado a un lugar de pacto.**

Él anuló esa deuda que nos era adversa, clavándola en la cruz. (Colosenses 2:14)

ORACIÓN PARA CONFESAR EL PECADO PERSONAL Y ANCESTRAL

Mientras Dios te ilumina con Su luz, identifica las áreas de pecado* que se han convertido en fortalezas para ti. Usa esta oración para confesar tu pecado:

- Confieso _____ como mi pecado y el pecado de mis padres y ancestros. Perdono a mis padres y ancestros por este pecado.
- Confieso específicamente las siguientes formas/ocasiones que he pecado en esta área:

(Cuando llegas a esta parte, sé específico en tu confesión: ¿puedes recordar la primera vez que pecaste de esta forma? Pídele al Espíritu Santo que te ayude a recordar los diferentes hechos, las personas afectadas y las consecuencias de tu pecado.)

- Elijo arrepentirme de este pecado. Me arrepiento de haber recibido el espíritu de _____(ese mismo pecado)_____.
- Te pido que nos perdones a mí y a mis ancestros, Señor, por cometer este pecado, y por darle un lugar en mi vida tanto al pecado como a las maldiciones que éste trae como consecuencia. Recibo Tu perdón y Te agradezco por ello. Como Tú me has perdonado, yo también me perdonaré a mí mismo por haberme involucrado en ese pecado.
- En el nombre de Jesús, renuncio al pecado y a las maldiciones de _____ y rompo su poder/cadenas en mi vida.

(Esta oración ha sido adaptada de *Restoring the Foundations* [Segunda Edición]. Se utiliza con permiso. www.RestoringTheFoundations.org.)

Visualiza la cruz de Cristo interponiéndose entre ti y cada pecado de tus ancestros que hayas mencionado. Proclama que la cruz también se interpondrá entre ti y cada pecado personal que hayas confesado. Proclama que estás perdonado y limpiado. Esto forma parte de tu liberación.

* Como ayuda para comenzar, lee las obras de la carne mencionadas en Gálatas 5:19-21.

Capítulo cuatro
LA IRA

Jessica estaba enfurecida… otra vez. Tan encendida y peligrosa como la lava que emerge de un volcán, arrojaba veneno y maldecía a aquellos que había decidido que eran la causa de sus problemas *esta vez*. Nadie quería interponerse en su camino. Su esposo sintió la necesidad de irse del hogar por unos cuantos días hasta que ella se calmara.

La comunidad médica probablemente le habría diagnosticado bipolaridad si Jessica hubiera buscado ayuda en ese momento. Los amigos simplemente justificaban su conducta, atribuyéndosela a las heridas emocionales extremas causadas por la tristeza y el rechazo que sufrió en el pasado. Pero la gracia de Dios intervino. Jessica comenzó a comprender que aunque las heridas de nuestro pasado inciden directamente en lo que somos, en algún momento dado debemos elegir en quiénes nos convertiremos e iniciar el trabajo necesario para el cambio.

Brittany tuvo un momento de claridad similar. Estaba enfurecida con su esposo por su pasividad y su ausencia. Llegó al punto límite después de cuidar a uno de sus hijos, que estaba muy enfermo, mientras él estaba pescando con los amigos. Su comentario sarcástico acerca de que los niños eran responsabilidad de Brittany fue la gota que rebalsó el vaso. Se puso tan furiosa que lo corrió por toda la casa con un cuchillo de carnicero en la mano, gritando: "¿Por qué nunca puedes colaborar?" Un repentino entendimiento la detuvo en el momento justo. En un instante de claridad, analizó los hechos: si ella se encontraba tan fuera de sí, quedaba claro que su esposo no era el único que tenía problemas.

La ira tiene muchas raíces. En el capítulo anterior, hemos recorrido el rol que ocupa el pecado personal y ancestral. La ira también puede surgir como consecuencia del abandono y de las necesidades o expectativas no satisfechas. Sin lugar a dudas, las heridas de nuestro pasado pueden ser tierra fértil para la ira.

Cuando las personas reaccionan con ira, solemos creer que su problema es la ira en sí. Pero yo creo que el problema más grave es generado por otra raíz de la ira: el dolor. Cuando se sienten heridas, las personas tienden a agredir a los demás. (Más adelante en este libro, veremos cómo el miedo provoca ira). Es fundamental que descubramos la raíz particular de nuestra ira para que no eternicemos un ciclo de conductas nocivas.

La ira y el rol de las metas

Inmediatamente después de aquel incidente en el que le pegué a mi hijo (al que hice referencia en el capítulo anterior), aprendí un dato muy útil sobre la ira. Una de las causas de la ira son las metas malogradas. Si mi meta es que mis hijos siempre jueguen juntos educadamente (para que yo pueda lucir y sentirme una maravillosa madre cristiana), entonces interpongo a mis hijos *entre* mi meta y yo. Por lo tanto, ellos tienen la capacidad de bloquear mi meta, y eso desata mi ira.

He aprendido a cambiar mis metas y hacerme responsable de mis reacciones para no darles tanto poder y control a otras personas. Me fijo metas de modo tal que otras personas no puedan interponerse y bloquearlas. De esa forma, *mi* comportamiento es el sujeto de mis metas.

Cambié mi estrategia y mis nuevas metas pasaron a ser: les enseñaré a mis hijos a crecer en el conocimiento de Dios, seré ejemplo de la vida cristiana y el amor de Dios hacia ellos, y me consideraré a mí misma una madre que está en el proceso de llegar a ser como Jesús. Eso me permitió interpretar las peleas de mis hijos como una *oportunidad* y no como un reflejo de mi ineptitud.

Por ejemplo, cuando volcaron la leche peleando por una caja de cereales, fui capaz de decirles: "Déjenme ayudarlos a limpiar la leche y luego podremos hablar sobre lo sucedido". Los traté como Jesús me trata a mí. ¿Jesús no limpia nuestras miserias y luego nos abraza mientras nos explica gentilmente los mejores modos que podemos emplear cuando estamos en desacuerdo (como preferirnos los unos a los otros o ser pacientes en el caso de la pelea por la caja de cereales)? Como mi *meta* principal era compartir el amor de Dios con mis hijos, mi *deseo* de llegar a la iglesia a tiempo pasó a ser menos significativo. Como eso era sólo un deseo y no una meta, su comportamiento ya no podía provocarme ira. A medida que pueda modelar la gracia, mi agenda pasó a tener menos prioridad. *Cuanto más podamos cambiar nuestras metas para excluir la conducta de otras personas, más libres seremos.*

Ira pasivo-agresiva

Cuando era pequeño, Charlie se sentía agobiado por las circunstancias de la vida y no tenía un esquema mediante el cual procesar sus emociones. Tampoco poseía una vía de escape, una forma permitida de expresarse, por lo que empezó a comportarse mal. Parecía estar callado y desatento en la escuela; comenzó a golpearse y lastimarse a sí mismo.

Sarah fue a una escuela privada de normas estrictas, en donde la vida estudiantil era rígida y reglamentada, y los maestros no apreciaban ni le permitían expresar su lado creativo. Un día, cuando llegó de la escuela, se largó a llorar, empezó a gritar y romper sus muñecas. Su ira asustó a sus padres, cuya primera respuesta fue decirle que las nenas buenas no se comportan como ella lo había hecho.

Debemos otorgarnos a nosotros mismos y a los demás (especialmente a nuestros cónyuges e hijos) la libertad de expresar la ira de manera apropiada. Como cristianos, tendemos a clasificar los pecados como aceptables o inaceptables. En la mayoría de los casos, la ira parece estar en la lista de inaceptables, porque destruye la imagen de santidad. Sin embargo, cuando no nos ocupamos de la ira como corresponde, terminamos acumulándola.

Por el contrario, hay algunas personas que detectan una causa con la cual enfurecerse y van hostilmente en busca de ella, con el objetivo de expresar toda la ira que tienen guardada. No quieren saber cuánta ira guardan ni encontrar cuál es su origen para aprender a expresarla de manera más apropiada, entonces encuentran una causa y llaman a sus ataques de ira "indignación justa".

Si ahogamos nuestras emociones, éstas pueden salir a la luz mediante un comportamiento pasivo-agresivo. Según Ross Campbell, doctor en medicina, esa es la peor forma de expresar la ira[1]. Muchas personas, en especial los cristianos, manejan la ira de esta forma, a menudo inconscientemente, porque les parece mejor que los berrinches, el lenguaje grosero y la conducta violenta. Sin embargo, sigue siendo un pecado y una fortaleza en sus vidas.

> *Debemos otorgarnos a nosotros mismos y a los demás…la libertad de expresar la ira de manera apropiada…Si ahogamos nuestras emociones, éstas pueden salir a la luz mediante un comportamiento pasivo-agresivo.*

En las familias cristianas queremos que nuestros hijos se autocontrolen y parezcan buenos, por eso decimos cosas como "no me hables de ese modo" o "usa palabras amables". Usar palabras amables está bien, pero si nuestros niños no pueden expresar sus sentimientos negativos como corresponde, normalmente los expresarán de forma pasivo-agresiva, mediante conductas negativas e incluso autodestructivas. Pueden *olvidarse* de hacer o entregar la tarea, tener dolor de cabeza cada tarde o adoptar diversas conductas negativas, como mentir o robar. Lo hacen de manera inconsciente para expresar su ira.

Los esposos y las esposas a menudo hacen lo mismo. Por ejemplo, si tu esposo se olvida del aniversario de boda, en lugar de *comunicar tu descon-*

tento verbalmente, quizás sólo sonrías y le digas: "Cariño, es tan lindo tenerte en casa", y luego no le hablas en toda la noche, o te *olvides* de plancharle la camisa que necesita para ir a trabajar al día siguiente.

El esposo de Judy, cansado de la falta de respeto de su mujer, siempre le decía cosas lindas frente a frente. Sin embargo, cuando estaban con gente, hacía bromas sobre ella y revelaba sus defectos. La esposa de Fred estaba tan cansada de que él la controlara, ¡que tuvo un infarto! Cuando *no nos hacemos cargo de los problemas*, tendemos a tratarnos con mucha falta de respeto, ira e incluso odio.

La ira o el comportamiento pasivo-agresivo es la peor forma en que se expresa la ira, porque usa un modo deshonesto y nunca nos permite lidiar con el problema de raíz. Se torna un problema invasivo y duradero, y termina debilitando cada área de una relación porque nunca da lugar a la confrontación, a la resolución y al crecimiento. Siempre está allí, oculto debajo de la superficie. Además, es perjudicial porque destroza la comunicación y destruye la confianza.

La persona pasivo-agresiva busca verse bien, sentirse bien y estar segura. Su filosofía es "no permitiré que las aguas se alteren. No quiero sentir mi propia ira (ni quiero que otros la vean), por eso la ignoro o la ahogo". A pesar de eso, ese sentimiento encuentra una forma de salir a la superficie. La ira no reconocida o expresada puede literalmente comer tu vida. O, incluso peor, la ira será capaz de hacer que tu relación con Dios tenga cortocircuitos.

Por eso te aliento a que te hagas cargo de tu ira y permitas que los demás expresen la suya, incluso si aún no han aprendido a hacerlo de una mejor forma. Sé su refugio. Ahora puedo experimentar la ira, generalmente justificable, y expresarla hablando serena y constructivamente. Por supuesto, no fue así siempre. Cuando llegué al punto en el que ya no destruía mis pertenencias cuando estaba enojada, pero seguía maldiciendo, sentí que eso ya era una mejora y quise que los demás también lo vieran así. En aquel momento, en lugar de considerarme una mala cristiana por mi boca sucia, ¡hubiese sido mejor que los demás me dieran una palmada en la espalda!

Cuando lideramos las sesiones del ministerio, insto a las personas que están tratando la ira a llegar a casa y golpear incesantemente una almohada, o irse a un lugar donde nadie pueda oírlos y gritar. Tienes que sacarte esa ira de adentro, y hacer algo físico a menudo nos permite liberarla. También les recuerdo que deben centrar su ira en su origen: el enemigo que sale a la luz para destruirlos a ellos y a sus relaciones.

Pasos hacia la Victoria

❖ ¿Siempre pareces estar sereno y nunca experimentas la ira? Si es así, detecta las formas en que maltratas a los demás o las áreas de insatisfacción personal. Observa si se oculta la ira detrás de ello. Escribe tus pensamientos.

❖ Sé realista contigo mismo y con Dios. ¿Qué te hacer enojar mucho? ¿Cuándo has padecido la injusticia o el dolor en manos de otra persona? Expresa tu ira. Derrama tu corazón a Dios. Él es tu refugio. **Pregúntale qué es lo que quiere para ti en lugar del dolor, la injusticia y la ira.**

❖ ¿Permites que otras personas, especialmente tus familiares, expresen sus emociones reales, incluso si eso te incomoda… o les bajas la persiana? ¿Cómo puedes ayudarlos o permitirles que adopten una vía de escape adecuada para su ira?

❖ ¿En qué momento otras personas usaron la religión o el nombre de Dios para no permitirte expresar tus emociones? Entiende que eso es una representación equivocada de la naturaleza y el corazón de Dios. Si te has enojado con Dios a consecuencia de ello, confiésaselo y perdona a Dios. Cree y recibe la verdad acerca de quién es Él en tu vida. Él está allí para ti. Perdona a quienes malrepresentaron a Dios por el daño y la confusión que trajeron a tu vida.

❖ Si la ira ha sido un problema para ti, no olvides de usar la oración al final de capítulo anterior para renunciar al pecado personal y ancestral. Sigue leyendo para comprender qué rol ocupa el miedo y saber cómo lidiar con las heridas que provocan tu ira.

Capítulo cinco
EL RECHAZO

Me desperté un día, ilusionada con la idea de pasar una mañana para mí misma, sola con Dios. Se me venía a la mente una canción:

Cambiaré tu nombre, ya no serás llamado el herido, el marginado, el solitario o el temeroso[1].

No sabía que esa canción estaba relacionada con lo que Dios había planeado ese día para mí. Acurrucándome en mi mecedora, le pregunté a Dios: "¿Qué debemos hacer hoy?

Me sentí guiada a orar por mis hijos. Sentí que mis dos hijos más grandes (que estaban en la escuela secundaria en ese entonces) estaban atravesando algún tipo de rechazo. Me preguntaba qué más podría hacer.

Comprendía los principios del pecado personal y generacional. Había confesado los pecados de mis ancestros y perdonado a todos los que me habían rechazado. Pensé, *yo fui víctima de rechazo. No sé qué puedo confesar por mi parte.* Oí a Dios responder: **"Arrepiéntete de haberlo recibido".** Fue un mensaje tan repentino e inesperado, supe que sin dudas provenía de Dios.

Comencé a recordar todo el rechazo que había aceptado de mis padres, profesores y compañeros. "Eres fea, gorda, bochornosa, profana, no eres lo suficientemente buena, no eres una de nosotras, eres solitaria, mandona…" Esta lista siguió ampliándose. Cada vez que alguien decía algo o se comportaba de una manera que mostraba rechazo, lo recibía directamente en mi espíritu, asumía que lo que decían sobre mí era cierto y creía que realmente merecía lo que me hacían. Las palabras negativas se convirtieron en mi identidad.

Me arrepentí de haber recibido el rechazo en cada oportunidad y en cada relación. Cuando lo hice, sentí cómo la calidez rodeaba mi corazón. Luego, experimenté una sensación pujante, como si uno de esos hombrecitos de goma que tenía de pequeña se estuviera desprendiendo de mí (literalmente). Lo sentí estirarse desde la punta de mis pies y salirse repentinamente de mi pecho. Realmente había sido liberada de un espíritu muy opresivo. Dios incluso dijo: "Esa era la raíz de tu problema de peso". Después de ese episodio, comencé a bajar de peso sin siquiera intentarlo.

Las palabras negativas se convirtieron en mi identidad.

Como ya sabía, mi nombre fue elegido en honor a dos amigas de mi padre. Lo que no supe hasta mucho más adelante fue que, en el momento en me concibieron, mi padre tenía una relación sentimental con una de esas amigas mientras estaba casado con mi madre. Creo que ese rechazo se sembró en mi espíritu cuando estaba aún en el vientre de mi madre.

¡Qué difícil debe haber sido para mi madre llamarme por el nombre que mi padre eligió! Era un constante recordatorio de Ann, la *otra mujer*. (No resulta sorprendente que ella y otras personas me llamaran por la versión acortada de mi nombre, Kris). Sé que mi madre me amaba, pero ahora creo conocer un posible origen de las dificultades que experimentamos en nuestra relación y del rechazo que sentía de su parte.

Creo que en ese momento me arrepentí de aceptar el rechazo, *Dios realmente cambió mi nombre*. Mi nombre de nacimiento siguió siendo el mismo, Krisann, pero en lo que restó del día escuché únicamente el segundo verso de la canción:

Cambiaré tu nombre; tu nuevo nombre será confianza, alegría y vencedor; fidelidad, amigo de Dios, uno que busca mi rostro [2].

Ese es mi verdadero nombre y la realidad de mi identidad. ¡Eso es exactamente lo que soy! (¡Y como frutilla del postre, cantamos esa canción en la alabanza el domingo siguiente!).

Había sido confrontada por el pecado, la experiencia y el espíritu de rechazo y liberada cuando me arrepentí de haber recibido aquel espíritu. Siempre tenemos la opción de *recibir* las experiencias y espíritus negativos que nos encontramos en la vida o *afrontarlos y renunciar a ellos*. Normalmente, no evaluamos esto y recibimos los espíritus sin pensarlo. Por eso motivo, en la oración de confesión del pecado personal y ancestral, cuando confesamos un pecado específico también nos arrepentimos de haber recibido ese espíritu. (Ver Capítulo 3).

Seguramente todos nosotros en algún momento hemos sido rechazados o abandonados de algún modo. Nos hemos sentido solos, desprotegidos y no queridos. Cuando sintamos ese dolor, tenemos que dejar que el Señor *se encargue de nosotros*. Debemos pasar de lo que otros han hecho a lo que **Dios** ha hecho.

Aunque mis padres me abandonen, me recibirá en sus brazos.
[Me adopta como su hijo] (Salmo 27:10, NVI)

*Debemos pasar de lo que otros han hecho a lo que **Dios** ha hecho.*

Pasos hacia la Victoria

❖ ¿Qué hicieron o dijeron otras personas que te hizo sentir rechazado? Perdónalos y entrégale tu dolor a Jesús.

❖ Pídele a Dios que te muestre qué palabras negativas se han convertido en tu identidad. Arrepiéntete por haberlas recibido.

❖ Pregúntale al Espíritu Santo: ¿Cuál es la verdad que quieres que conozca? ¿Qué nuevo nombre quieres darme?

Capítulo seis
TU VERDADERO YO

Cuando mi nieta, Kyleigh, era una beba, estaba siempre descontenta e insatisfecha. Se notaba que quería moverse, hacer más cosas y explorar, pero se veía restringida por las limitaciones típicas del cuerpo de un bebé. Aunque las cosas mejoraron cuando empezó a gatear, aún seguía expresando a viva voz su descontento. Un día la observaba aprender a caminar. Estaba totalmente decidida, tenía un fuerte deseo de liberarse de aquel confinamiento.

Al principio, Kyleigh sólo podía caminar un paso o dos antes de trastabillar y desplomarse en el piso, con los ojos bien abiertos. Yo esperaba un momento y cuando veía que no estaba lastimada, simplemente le decía: "¡Cataplúm!", lo que significaba "eso es lo que sucedió y está bien". Le expresaba mi placer diciendo: "¡Así se hace, Kyleigh, muy bien! No me preocupaba ni decepcionaba su falta de habilidad. Estaba feliz con su progreso porque sabía que finalmente lo lograría.

¿Acaso no somos nosotros como mi nieta? Luchamos, nos caemos, nos sentimos muy frustrados por nuestros errores y estamos seguros de que Dios está *allá arriba* observándonos con enojo e insatisfacción. Debemos entender que Dios reacciona frente a nosotros de la misma forma que yo lo hice con Kyleigh, desde un corazón lleno de amor. Dios sabe quién eres y entiende que **estás en el proceso de convertirte en aquello para**

lo que fuiste creado. No se sienta decepcionado por la etapa del camino en la que te encuentras. Cuando cometes un error, Él no está mirándote, retorciéndose las manos, esperando que finalmente cumplas con lo programado. No está diciendo: "¡Caray! ¿Cuándo vas a lograrlo?"

Dios está esperando que nuestros músculos espirituales se desarrollen y fortalezcan, que se amplíe nuestra comprensión y nuestras elecciones se alíñen a lo que es correcto. Dios observa nuestro crecimiento de la misma forma que yo observaba cómo Kyleigh aprendía a caminar, con el corazón dispuesto a dar ánimo. Él es nuestro principal alentador.

Hay varios motivos por los cuales Dios no está preocupado. Él conoce el final desde el principio y está fuera de las limitaciones de tiempo en las que vivimos nosotros. Yo sabía que Kyleigh no tardaría en aprender a caminar, y ahora es la pequeñita más feliz que puedas imaginar, siempre corriendo, saltando, bailando y girando.

Dios nos creó a cada uno de nosotros con un destino individual. Él sabe cuál es ese destino y confía en **Su** capacidad de hacer que suceda[1]. Claramente, debemos cooperar con Sus propósitos y aceptar las consecuencias de nuestra desobediencia, pero Dios constantemente nos está llamando, ayudando y amando. Él es fiel y poderoso en Su capacidad de dirigir nuestros caminos.

Dios no necesita ponerse los lentes del *Hijo* para que le agrades. Escuché ese concepto ni bien inicié mi vida cristiana: Dios se pone los lentes del *Hijo* y declara que estás por el buen camino, siempre y cuando te mire a través de los lentes de Jesús. Entonces me pregunté si podría alabar a un Dios que es fácilmente "engañado" por unos lentes que cambian Su visión y nos hacen parecer buenos ante Sus ojos. En lo profundo de mi corazón sabía que aún tenía áreas de pecado y derrota en mi vida. Me frustraba la idea de que Dios *las cubriera* con vestimentas de lino fino, y luego aparente ser incapaz de ver lo que estaba oculto detrás de ellas. Por cierto somos lo que somos gracias a la obra terminada de Cristo en la cruz. Sin embargo, Dios no desconoce nuestras luchas. Tampoco hace la vista gorda ante ellas. Y verdaderamente nos ama *tal como somos ahora*.

La Biblia dice que Dios nos amó tanto, que envío a Su Hijo para morir por nosotros, y eso sucedió cuando aún vivíamos en el pecado². Aunque aún tengas y veas tus imperfecciones, es importante entender que Dios también las ve y no está sorprendido, decepcionado ni desilusionado por tu actual condición.

Él tampoco está mirando a tu yo futuro. No está conteniendo el aliento y diciendo: "Bien, sé que será como yo al final". Él te ama y acepta como Su amado en este preciso momento, y trabajará pacientemente junto a ti hasta que estés conformado a la imagen y semejanza de Cristo, que ya está dentro tuyo. A medida que continuemos, verás que no no eres simplemente blanqueado… eres transformado por completo.

> *Aunque aún tengas y veas tus imperfecciones, es importante entender que Dios también las ve y no está sorprendido, decepcionado ni desilusionado por tu actual condición.*

Sí, era difícil vivir con Kyleigh cuando se sentía tan infeliz. Sí, es difícil vivir con otras personas que tienen problemas y áreas en las que mejorar. Sin duda hay momentos en los que queremos deshacernos por completo de nuestras deficiencias y estamos hartos de nosotros mismos en ciertas áreas. Es por eso que escribí este libro. No debemos quedarnos en esa posición de esclavitud. Dios tampoco quiere que estemos allí, pero no porque **Él** esté consternado. Dios sabe que hay mucho más para **nosotros**. Es por eso que nos ha entregado los principios de la libertad.

La función de mi espíritu y la naturaleza de mi carne

Cuando entendemos al hombre como espíritu, alma y cuerpo³, tenemos una noción más clara de cuál es nuestro problema, y cómo puede ser que Dios sea capaz de vernos como seres perfectos, incluso al reconocer nuestras fallas. Antes de ser salvos, tuvimos dos problemas. Generalmente, hablamos del primer problema, el del pecado: nuestras elecciones personales que nos alejaron de Dios. Dios hizo que nuestros pecados recayeran sobre Jesús, que murió en lugar nuestro para pagar la penalidad de nuestro pecado y quitar la barrera que existía entre Dios y nosotros[4].

Nuestro segundo problema es que nacimos con un espíritu muerto. Nacimos a imagen y semejanza de Adán, quien murió espiritualmente a causa de su pecado. La función de nuestro espíritu es doble: ser el lugar desde donde nos relacionamos con Dios y ser la fuente de nuestra identidad. Cuando nuestro espíritu está muerto (antes de renacer), afrontamos la necesidad de *fabricar* o crear una falsa identidad, que es nuestra **carne**.

Tu cuerpo es lo que ves. No puedes ver tu alma, pero bien sabes que eso eres tú. Está compuesta por tu mente (tu forma de pensar), tu voluntad (lo que eliges) y tus emociones (cómo te sientes). Cuando formas una **identidad** alejada de Dios y de lo que fuiste creado para ser en tu espíritu, eso se convierte en tu carne.

Tu carne está compuesta por lo que haces, lo que pareces, las áreas en que te destacas (o no), lo que otros dicen o han dicho sobre ti, cómo te sientes, cómo actúas y lo que eliges. Está conformada por tus interpretaciones de todos los traumas y hechos pasados de la vida. Nos identificamos a nosotros mismos mediante lo que hacemos y a través de los mensajes de vida que hemos recibido ("eres un idiota", "eres un estúpido", "nunca triunfarás en nada", y así sucesivamente). Cuando los mensajes de vida son negativos, desarrollamos mecanismos de supervivencia que también son parte de nuestra carne: "me protegeré a mí mismo", "me rebelaré", "me iré". Cualquiera sea la forma en la que has sido condicionado o has elegido protegerte, todo está en tu carne. Todos los hábitos que has creado al abrirle la puerta al pecado y luego repetirlo reiteradamente son fortalezas en tu carne.

Dios se encarga tanto del problema de mi pecado como del problema de mi punto central muerto (espíritu). Colosenses 2:13 dice: "Antes de recibir esa circuncisión, ustedes estaban muertos en sus pecados. Sin embargo, **Dios nos dio vida** en unión con Cristo, al perdonarnos todos los pecados" (énfasis agregado). Como se le ha dado vida a mi espíritu, ahora tengo una identidad espiritual y puedo relacionarme con Dios, de espíritu a Espíritu.

Debo construir mi identidad en torno a lo que soy en Cristo. Dios está mirando **mi hombre espiritual** cuando me dice que soy bueno. **Ese es *mi verdadero yo en este momento.*** Él tiene bien claro quién quería que fuera cuando me creó, y eso es lo que ve cuando me mira. Él no está despreocupado por mi carne, pero reconoce Su capacidad de salvarme de la carne. A medida que confiamos en Él y cooperamos con sus principios, podemos aprender a vivir según lo que rige el espíritu y no la carne.

> *Debo construir mi identidad en torno a lo que soy en Cristo. Dios está mirando **mi hombre espiritual** cuando me dice que soy bueno. **Ese es mi verdadero yo en este momento.***

Reconocer al enemigo

¿Has escuchado la frase "hemos hallado al enemigo, y ese enemigo somos nosotros"? **¡Tú no eres el enemigo!**

> *Porque nuestra lucha no es contra seres humanos, sino contra poderes, contra autoridades, contra potestades que dominan este mundo de tinieblas, contra fuerzas espirituales malignas en las regiones celestiales. (Efesios 6:12)*

Debemos concentrarnos en decir lo correcto acerca de quiénes somos y dirigir nuestra batalla hacia el desmantelamiento del derecho legal que tiene el enemigo para crear caos en nuestras vidas.

Tú **no** eres el enemigo, tampoco lo es tu cónyuge, tu hijo, tu jefe, tu pastor, el gobierno ni cualquier otra persona. Tenemos un enemigo muy real, que está aquí para "robar, matar y destruir"[5]. Quiere destruir tu identidad, tu victoria y tu destino. Intenta robarte tu tiempo, tu gozo y tu esperanza. Estas son algunas de sus estrategias:

- Generar dudas sobre el amor y la bondad de Dios
- Incitarte a llevar el control de tu propia vida
- Distorsionar tu identidad
- Obtener el derecho legal de operar en tu vida a través del pecado personal y ancestral
- Sembrar pensamientos en tu mente

Es importante saber que no todo lo que piensas se origina en ti. Los pensamientos también provienen de Dios. A partir del ejemplo de Ananías y Safira en Hechos 5, vemos que Satanás también tiene la capacidad de implantar pensamientos en nuestras mentes. Quizás parece que también puede escuchar nuestros pensamientos, pero en realidad no es así.

Cuando Satanás emplea estas estrategias, terminamos siendo incapaces de apuntar nuestras armas hacia él, el verdadero enemigo. Reconozcamos sus artimañas y tengamos como meta descubrir cómo obtuvo el permiso para operar en nuestras vidas. Aceptemos nuestra responsabilidad personal, pero no centramos la ira sobre la carne y la sangre.

Según Romanos 7, el pecado es un problema real, *pero no representa quien eres*. Si te clavas una espina en el dedo, no despreciarás a tu mano, la culparás o injuriarás, ni te la cortarás. Espero que tampoco la ignores, porque hasta un problema insignificante puede infectarse y desparramar veneno por tu cuerpo (¡al igual que el pecado!). Simplemente te quitas la espina. Debemos reconocer nuestro pecado y usar nuestras herramientas espirituales de confesión, arrepentimiento y perdón para quitar esa espina (fortaleza) de nuestras vidas. Y luego pasamos a Romanos 8, el lugar donde no hay condenación.

Pasos hacia la Victoria

❖ Medita sobre los siguientes versículos que describen tu salvación y la capacidad de Dios de perfeccionar la obra que comenzó en ti.

> *Al que no cometió pecado alguno, por nosotros Dios lo trató como pecador, para que en él recibiéramos la justicia de Dios. (2 Corintios 5:21)*
>
> - Aquí se trató nuestro problema del pecado.

> *Antes de recibir esa circuncisión, ustedes estaban muertos en sus pecados. Sin embargo, Dios nos dio vida en unión con Cristo, al perdonarnos todos los pecados. (Colosenses 2:13)*
>
> - En este caso, se trató nuestro segundo problema: nuestro espíritu muerto. Ahora tengo una identidad espiritual y puedo relacionarme con Dios, de espíritu a Espíritu.

> *¡Al único Dios, nuestro Salvador, que puede guardarlos para que no caigan, y establecerlos sin tacha y con gran alegría ante su gloriosa presencia! (Judas 1:24)*
>
> - Agradécele a Dios por Su deseo y capacidad de dirigirte hacia tu meta y ser aquello para lo que Dios te ha creado.

❖ Date el permiso de atravesar el proceso. Ten en cuenta que el problema es el *pecado* dentro de ti. Confronta ese pecado con las herramientas de confesión que hemos analizado.

Ahora, si hago lo que no quiero hacer, realmente no soy yo el que hace lo que está mal, sino el pecado que vive en mí. (Romanos 7:20, NTV)

❖ Sé consciente de que luchas desde un lugar de victoria y autoridad, sentado junto a Jesús, reinando sobre el enemigo. Puedes pararte sobre la cabeza del enemigo y no dejar que un obstáculo te distraiga, detenga o deprima. Puedes hacer eso porque estás sentado junto a Jesús y el enemigo es el estrado de tus pies[6].

Y en unión con Cristo Jesús, Dios nos resucitó y nos hizo sentar con él en las regiones celestiales. (Efesios 2:6)

Oración

Dios, te agradezco que desde lo profundo de mi verdadera identidad soy bueno. Me creaste como un ser único, con un destino y Tus buenos propósitos en mente. Recibo tu aprobación y me doy permiso a mí mismo para pasar por este proceso. Tú estás obrando en mí para ayudarme a convertirme en todo aquello que esperaste antes de la fundación del mundo. Gracias por la victoria que tengo por medio de la vida de Jesús en mí.

Capítulo siete
POSICIONADOS PARA LA VICTORIA

Me sentía atrapada. Sabía que en el fondo de mi corazón era una buena persona, pero ¿por qué esa persona, mi verdadero yo, estaba oculta dentro de mí y nadie podía verla? Era como un puercoespín. El ser humano cariñoso y compasivo que realmente soy se escondía detrás de la frustración, la vergüenza y una conducta demandante. Estaba oculto detrás del deseo de control, la inseguridad y la necesidad. El versículo que habla de ser una nueva creación en Cristo me cautivó por completo[1]. Aquello no era una realidad presente en mi vida.

Tampoco veía a mi esposo como una nueva creación. Lo observaba con desprecio, injuriándolo de mil maneras dentro de mi corazón. ¿Dónde estaba mi caballero de armadura brillante o, al menos, ese marido cristiano con quien creía me había casado para que me guiara, me amara y transitara junto a mí el destino de servir a Dios juntos? ¡Qué manera de estar desilusionada y desesperanzada! Entonces, la verdad de ese versículo se convirtió en el lugar de mi victoria.

Dios dice que aquellos a quienes el Hijo libera, serán verdaderamente libres. ¿Te sientes libre? ¿Cómo cooperamos con Dios para poder convertirnos en quien Él dice que ya somos? Evaluemos lo que realmente sucedió cuando fuimos salvos. Jesús murió por nuestra **salvación**. Lo que Dios nos ofrece, lo que nos entrega mediante nuestra salvación, es inconmensurable.

La definición de la palabra griega equivalente de salvación, "sozo", incluye nuestra salvación, sanación, liberación y libertad. **Se trata de ser sanados íntegramente.** La salvación es inmensa. Pero muchas veces, cuando intentamos darle una forma que nos permita comprenderla y analizarla con otras personas, la convertimos en algo *mucho más pequeño* de lo que realmente es. Mira los siguientes ejemplos.

Muchas veces, las personas comienzan a transitar su vida cristiana creyendo que la salvación no significa nada más que "recibir la vida eterna". Es posible que, al ser explicada de esta forma, la vida eterna sea meramente un *concepto* para ellos. Es un gran concepto, sin dudas, pero no deja de ser inmaterial. Es maravilloso escuchar hablar sobre el amor de Dios y el hecho de que Jesús murió por nuestro pecado, pero si eso no pasa del concepto a la experiencia, nuestras vidas no cambiarán de la forma que Dios espera.

Al ir más allá del concepto, comprendemos que teniendo a Jesús como nuestro Salvador, iremos al cielo cuando muramos. Esto nos da esperanza y la certeza de un futuro con Dios.

¿Te sientes libre? ¿Cómo cooperamos con Dios para poder convertirnos en quien Él dice que ya somos?

Si ampliamos aún más nuestra comprensión y madurez, decimos que la vida eterna no es simplemente un concepto, una recompensa o una esperanza para después de la muerte; la vida eterna es una *calidad de vida* diferente aquí en la tierra. Mediante esta comprensión más profunda, vivimos con alegría, paz y paciencia, y estamos seguros de que Jesús transita la vida junto a nosotros después de recibir la salvación. Todo esto es bueno, pero no es lo único que hay.

Otra forma en que enmarcamos nuestra experiencia de salvación es diciendo que *recibimos a Jesús* en nuestros corazones. En mis clases, ilustro el recibimiento de Jesús con una pequeña imagen de un bombero. Entonces, es como si tuviera a un pequeño Jesús sentado en el trono de mi corazón. El problema aquí es que yo soy muy grande y Él muy pequeño. Con todas estas ilustraciones, por más útiles que sean, no podemos llegar a dimensionar la enormidad de lo que tenemos.

La enormidad de nuestra salvación

> *Lo que ha sido desde el principio, lo que hemos oído, lo que hemos visto con nuestros propios ojos, lo que hemos contemplado, lo que hemos tocado con las manos, esto les anunciamos respecto al Verbo que es vida. Esta vida se manifestó. Nosotros la hemos visto y damos testimonio de ella, y les anunciamos a ustedes **la vida eterna** que estaba con el Padre y que se nos ha manifestado.*
> (1 Juan 1:1-2, énfasis agregado)

En la salvación, sí recibimos la vida eterna—**Jesús**—y *de hecho* recibimos la plenitud y la integridad de Su vida, a medida que recibimos el beneficio de Su muerte en la cruz para salvarnos². La vida eterna es una *persona*, no es meramente un concepto. Primera de Juan 1:2 nos muestra que la vida eterna es una persona cuando dice: "te proclamamos la vida eterna…" Están proclamando a Jesús. **La vida eterna es JESÚS**. ¡Son la misma cosa!

> *La vida eterna es una **persona**, no es meramente un concepto.*

Solía leer 1 Juan 5:12 "El que tiene al Hijo, tiene la vida" y creer que se trataba de dos cosas diferentes, como el hielo y el agua, dos elementos que son lo mismo pero tienen una forma diferente. O que si tienes a Jesús, Él *te da* la vida eterna, lo que significa que la vida es una consecuencia y no algo idéntico al Hijo.

Cuando recibimos a Jesús como Salvador, **tenemos al Hijo—en toda Su plenitud—dentro de nuestro hombre espiritual.** Mi vida está escondida con Cristo en Dios, y Él me consume. Él me llena. Él camina conmigo. Se trata de **Su vida.** Todo lo que Jesús es, también lo soy yo. No se trata de mi vida. Su vida reside dentro de una vasija diferente para cada uno de nosotros. Dios nunca quiso que fuéramos cristianos idénticos elaborados del mismo molde, sino que mediante Su vida y Su poder se impulse la forma única en que nos creó a cada uno de nosotros individualmente.

> *Pues en Cristo habita toda la plenitud de Dios [la divinidad] en un cuerpo humano. [dando expresión completa a la naturaleza divina] De modo que ustedes también están completos mediante la unión con Cristo, [y en Él también están llenos con la divinidad, el Padre, el Hijo y Espíritu Santo-y llegan a una estatura espiritual completo]. Y Él es la cabeza de todo gobernante y toda autoridad [de toda potestad angelical y poder]. (Colosenses 2:9-10)*

En cierta ocasión, me encontraba pensando en el versículo que habla de la plenitud de la divinidad habitando en la forma corporal de Jesús. *¡Guau, pensé, eso es realmente increíble! Jesús vive en mí. ¡Esto significa que la plenitud de la divinidad habita en mí!* Mientras comprendía la enormidad de lo que estaba reflexionando, me detuve y declaré: "Eso suena sacrilegio. Mejor voy a buscarlo". Entonces hice eso y encontré que Colosenses 2:9-10 (citado anteriormente) dice: "Toda la plenitud de la divinidad habita en forma corporal en Cristo (el Padre, el Hijo y el Espíritu Santo)". ¡Observa el poder que tienes dentro de ti! ¡Observa la vida a la que tienes acceso!

Tenemos en nosotros la plenitud y la integridad de la vida de Jesús, Dios Todopoderoso, porque hemos sido transferidos dentro de Su vida y, por lo tanto, hemos renacido. Mi cuerpo es la "forma corporal" en la que habita Dios. ¡Asombroso! Es increíble pero real.

Nuestra herencia en la vida de Adán

Todo lo que describí recién está bastante alejado del lugar desde donde comenzamos. Cuando nacimos físicamente en esta tierra, lo hicimos según la naturaleza de Adán. Llegamos al mundo con un interior vacío, estando espiritualmente muertos. Primera de Corintios 15:21-22 dice: "Pues así como en Adán todos mueren, también en Cristo todos volverán a vivir". Fue a través de un hombre que la muerte llegó al mundo, y también es a través de un hombre (Jesús) que obtuvimos la resurrección de los muertos. La *Traducción en El Lenguaje Actual* aclara este punto estableciendo: "[por la unión de su naturaleza" en Adán todos murieron, más [por la unión de su naturaleza] todos en Cristo volverán a vivir. No tuvimos opción cuando vinimos a este mundo, más que estar unidos a Adán y compartir su naturaleza. Eso quiere decir que estábamos espiritualmente muertos. Sin embargo, por decisión personal, decidimos luego formar parte de la naturaleza de Cristo.

> *Mi cuerpo es la "forma corporal" en la que habita Dios.*

Supongamos que mi abuela hubiera muerto en un accidente de carroza con caballos cuando ella tenía cinco años. Obviamente, en ese momento mi madre aún no habría nacido. Por lo tanto, yo misma nunca habría nacido. Habría muerto con mi abuela porque estaba en su semilla. Mi ADN y mis genes estaban en la semilla de mi abuela.

Eso es exactamente lo que sucedió con Adán y nosotros. Nuestro ADN estaba en su semilla. Nacimos física y espiritualmente de acuerdo a la vida de Adán. Lo que a él le sucedió cuando pecó, nos sucedió también a nosotros, porque estábamos en la semilla que él contenía en ese momento. Según Romanos 5, esto fue lo que sucedió: cuando Adán pecó, nosotros también pecamos. Cuando él murió espiritualmente, nosotros también morimos espiritualmente. Y es ese el motivo por el que teníamos un interior muerto cuando nacimos físicamente. Teníamos un espíritu muerto, carecíamos de una verdadera identidad, éramos incapaces de relacionarnos de espíritu a Espíritu con Dios. Según Romanos 5:12-19, en Adán pecamos, morimos, fuimos condenados y constituidos pecadores. "La paga del pecado es la muerte"[3] y debíamos ser ejecutados por nuestro propio pecado. **Esa fue nuestra herencia en la vida de Adán.**

Nuestra herencia en la vida de Cristo

¡Pero no tenemos que quedarnos allí! Desde la eternidad pasada, estuvimos en el corazón y en la mente de Dios, y Él nos preparó para que no tuviéramos que *permanecer* en la vida de Adán. Lo dispuso desde antes de la creación del mundo para que fuéramos capaces de tener una naturaleza igual a la de Jesús.

Esto es lo que sucede en la salvación: eres transferido desde la vida de Adán a la vida de Cristo[4]. Dios nos compró, literalmente nos intercambió por la vida de Cristo. Él dio su vida por la mía. Mi deshonra fue intercambiada por Su virtud. Toda la rectitud de Su vida reemplazó toda la basura de la mía. Él me ofreció todo el tesoro de Su vida como Dios, mientras que yo no podía darle nada a cambio. Aun cuando estábamos muertos en nuestros delitos y pecados[5], Él nos amó y murió por nosotros. Cuando acepto ese intercambio, **recibo una vida totalmente diferente**: la vida de Jesús.

Gracias a ese intercambio, mi actual ADN es totalmente diferente al ADN que tenía antes. Estaba en la semilla de Adán, por eso se me constituyó pecador y pequé personalmente. Transitaba mi feliz camino al infierno, y me lo tenía bien merecido. Pero en la salvación, fui transferida a la vida de Cristo. Es por eso que ahora pertenezco y existo en Su vida, que no tiene principio ni final, y que contiene y consiste de todas Sus riquezas.

Tengo un nuevo ADN porque nací de una nueva semilla, "no de simiente corruptible, sino de incorruptible"[6]. En la frase "A Abraham fueron hechas las promesas, y a su simiente" se hace referencia a Cristo y no a las "simientes, como si hablase de muchos"[7]. No soy uno de los muchos hijos de Abraham: soy hija del Dios Altísimo. A través de la vida de Cristo, vuelvo a tener aquella relación con Dios que Él originalmente planeaba.

Tengo la vida de Jesús. Camino una vida renovada. Todo lo que Jesús es, también lo soy yo. Ese es el significado de la frase "renacido". Soy **recreada** como una persona proveniente de la semilla de Cristo, convertida en Su vida, con acceso a la totalidad de Su ser y a la integridad de la presencia del Dios Todopoderoso viviendo dentro de mí. En un instante, soy una persona totalmente cambiada. **Esa es mi herencia en la vida de Cristo.**

> *Ese es el significado de la frase "renacido". Soy* ***recreada*** *como una persona proveniente de la semilla de Cristo, convertida en Su vida, con acceso a la totalidad de Su ser y a la integridad de la presencia del Dios Todopoderoso viviendo dentro de mí.*

Nuestra victoria

Cuando formo parte la vida de Cristo, también formo parte de Su resurrección. En Efesios 2:6 leemos: "Y en unión con Cristo Jesús, Dios nos resucitó y nos hizo sentar con él en las regiones celestiales". Estoy, en realidad, sentada con Él en un lugar de absoluta victoria. Al tener su poder de resurrección dentro de mí, le doy batalla y enfrento al enemigo desde un lugar de victoria.

La primera parte de mi victoria es mi nueva vida—partiendo de la semilla y compartiendo el ADN de Jesús. La otra parte de mi victoria es la realidad de mi muerte. El hombre viejo ya no existe. Quien caminaba según la vida de Adán hacia al infierno ya está muerta y enterrada. Cuando fui transferida a la vida de Cristo, el hombre viejo murió. No se puede estar en dos lugares al mismo tiempo. (Ver Colosenses 1:13 y Romanos 6:4.)

Ahora tengo una vida diferente, una fuente diferente. Como el hombre viejo no existe más, ya no tenemos que ir de un lado a otro odiándolo e intentando matarlo, injuriándolo, regañándonos y sometiéndonos a cualquier tipo de penitencia que requiere la religión. El hombre que merece la condenación está muerto. Aquel que tenía problemas de identidad está muerto. La persona que tuvo que sobrellevar, proteger y crear una nueva identidad está muerta. Ya no existe.

¿Alguna vez has visto un pollo con la cabeza cortada? Todo granjero te dirá que cuando le cortas la cabeza a un pollo, el animal pasa un tiempo corriendo de un lado a otro, sin su cabeza. Desparrama sangre por todos lados, hasta que finalmente se desploma. ¡Así también somos nosotros! Somos como pollos con nuestras cabezas cortadas, complicándonos la vida a nosotros mismos y a quienes nos rodean, hasta que finalmente nos desplomamos. Y te garantizo que tu carne se desvanecerá. La carne no eres tú.

En un mal día, quizás parezca que la persona que yo era antes sigue corriendo de acá para allá. Si mi antigua yo era rabiosa e impaciente, manipuladora, controladora, odiosa y rencorosa—si esa era mi antigua naturaleza y tú te encuentras conmigo en un mal día—(en el que me comporto de esa forma), ¡posiblemente creas que la vieja Krisann no murió! Pero yo te digo que mi hombre viejo *sí* murió, y lo que sigue circulando es mi carne: mis patrones de hábito, las fortalezas en mi vida y los modos que empleo para salir adelante y protegerme a mí misma.

> **No soy mi carne y lo que es mi carne, no lo soy. Mi verdadero yo tiene un espíritu el cual ha sido renacido. Gozo de tener la plenitud de la vida y el Espíritu de Jesús en mí. ¡Todo lo que Jesús es, también lo soy yo! Por lo tanto, soy una persona buena. Dios está contento con lo que soy.**

Una vez que tengamos clara nuestra identidad, debemos conocer las herramientas para lidiar con nuestra carne. Cuando me comporto de esas formas desagradables, no soy yo. En cambio, debo aprender a acceder al ADN de Jesús. Es científicamente correcto decir que nuestras células son programadas por nuestras experiencias y reacciones de esta vida. Debemos reprogramar nuestras células. Tu carne comenzará a desvanecerse cuando descubras de dónde provienen aquellos patrones de hábitos y comiences a entender de qué forma se originan tus problemas. Te liberarás del aprisionamiento de la carne cuando te apropies de la vida de Cristo que llevas dentro de ti.

Eso no quiere decir que no tengas culpa alguna por tu pecado—porque de hecho la tienes—pero esa culpa permanecerá en la cruz. Tampoco es cierto que estás libre de toda responsabilidad (pero analizaremos eso más adelante). Jesús le propinó un golpe mortal al hombre viejo, y ahora trabaja en tu hombre espiritual de forma tal que cuando Cristo se constituya dentro de ti (formado dentro de ti), diariamente quedarás libre del dominio del pecado[8].

Ser empoderados por la vida de Jesús

Una vez escuché una historia sobre un adicto a las drogas, quien había sido salvo y había madurado como creyente. Un día, se le confió la tarea de llevar una gran suma de dinero al banco. Con las intenciones más puras, se subió al subte para dirigirse al banco y depositar el dinero. En el trayecto, los carteles del subte captaron su atención: "¡No consumas drogas!" El mensaje era meritorio pero la aguja de la imagen le gritaba a viva voz a su carne pre-programada: "¡Necesitas una dosis!" Toda su carne generó dentro de él un deseo insaciable de tener lo que había experimentado en sus días previos a convertirse en cristiano.

Tengo el dinero, pensó para sus adentros. *Sé dónde obtener la droga. Cuando el subte se detenga, me bajaré y consumiré.* Sin embargo, su hombre espiritual no estaba de acuerdo y suplicaba: "Señor, no quiero consumir drogas. No puedo resistir... ¡pero la vida de Jesús *sí puede hacerlo*! ¡Yo no puedo, pero Tú sí! Su declaración pasó de ser prácticamente una súplica de derrota a una afirmación cada vez más convincente. Quién más que Dios puede explicarlo, pero cuando las puertas del subte se abrieron, él inmediatamente se encontró en el depósito del banco.

Cuando vivimos según el Espíritu, no buscamos satisfacer los deseos de la carne[9]. Cuando vivimos según el Espíritu, transitamos la vida conforme a nuestro hombre espiritual, que fue vivificado y empoderado por la plenitud de la vida de Cristo.

Implica una gran victoria aceptar (comprender y creer) la muerte de Jesús por mí y la muerte del hombre viejo. El hecho de que morí con Cristo y mis pecados están clavados en la cruz significa que no hay nada dentro de mí que el enemigo pueda condenar. El que pudo haber sido condenado, ya está muerto. Esta victoria se sella aún más cuando **acepto** mi muerte.

La victoria en mi muerte

El enemigo ha intentado convencernos de que debemos pensar, e incluso declarar, y por supuesto desear que todo gire en torno a nosotros. Pero nuestra victoria reside en hacer que todo gire en torno a la vida de Cristo. Para eso, yo debo morir. Observa estos dos versículos juntos:

> *Lo he perdido todo a fin de conocer a Cristo, experimentar el poder que se manifestó en su resurrección, participar en sus sufrimientos y **llegar a ser semejante a Él en Su muerte**. (Filipenses 3:10, énfasis agregado)*
>
> *(Jesús) también compartió esa naturaleza humana **para anular, mediante la muerte, al que tiene el dominio de la muerte, es decir, al diablo**. (Hebreos 2:14, énfasis agregado)*

¡MI MUERTE DESTRUYE EL PODER DEL ENEMIGO EN MI VIDA!

¿Entonces, qué implica esta muerte?

> *He sido crucificado con Cristo, y ya no vivo yo sino que Cristo vive en mí. Lo que ahora vivo en el cuerpo, lo vivo por la fe en el Hijo de Dios, quien me amó y dio su vida por mí. (Gálatas 2:20)*

- Creo que esto significa que debo morir en cuanto a mi propia voluntad y a la importancia que me doy a mí misma. Debo morir con respecto a mi derecho de vivir según mi voluntad y mi forma, y de usar mi propia fuerza para lograr mis propias metas. Cuando acepto mi muerte, declaro que quiero permitir que reine la vida de Jesús. Quiero vivir para complacer y glorificar a Dios. Quiero proclamar con mi vida, por toda la eternidad, cuán grandioso es Dios.

- Pienso que dejarme morir significa estimar o darles más importancia a los demás. "Nadie tiene mayor amor que este, que uno ponga su vida por sus amigos"[10]. Esto es lo que hizo Jesús, incluso sudando enormes gotas de sangre en el Jardín de Getsemaní de sólo pensarlo. Permite que tus prójimos tengan un lugar más importante en tu vida o en tu percepción de felicidad.
- Considero que también significa rechazar la tentación de los encantos y atracciones de este mundo.
- Creo que esta muerte implica también reconocer que realmente tengo una opción en cuanto a cómo reaccionar. ¿Elegiré ver las cosas desde la perspectiva de otro? ¿Renunciaré a mis derechos?
- Lo mejor de todo, significa que puedo lograr mucho más de lo que jamás imaginé o soñé, porque mi muerte permite que reine todo el poder de Dios.

Si asistieras a tu propio funeral de forma corpórea, sería imposible que te afectara lo que sucede a tu alrededor. No te verías tentado de abandonar tu dieta para disfrutar de los pasteles caseros que van a servir después del servicio. Si alguien mencionara un recuerdo de la niñez de forma tal que graciosa, pero dolorosamente, te convirtiera en el blanco de la broma, tú no te sentirías avergonzado. Es imposible afectar las emociones o los deseos de una persona muerta. ¡Recuérdalo, tu viejo yo está muerto! ¡Reconócelo!

Si diera una clase y, uno a uno, la mitad de los alumnos se fuera antes de que terminara, no me sentiría destrozada. Por cierto, me sentiría triste porque el deseo de mi corazón es ver a los hijos de Dios caminar en libertad. Sin embargo, mi *hombre viejo*, que necesitaba la aprobación y quería alcanzar el éxito para sentirse bien consigo mismo, ya no existe. La persona que solía ser, cuya identidad giraba en torno a lo que otros pensaban de ella y se hacía responsable de las decisiones de los demás, está muerta.

Si la condenación o la depresión quisieran invadir mi vida porque las personas se van de mi clase, asumiría mi autoridad como hija del Rey y diría no. Tomaría cualquier emoción que pudiera surgir, incluso la tristeza de saber que aquellos que se fueron de mi clase posiblemente no se liberarán jamás, y la dejaría a los pies de Jesús. Recojo cualquier tipo de negatividad que pudiera surgirme y la intercambio por lo que Dios dice sobre mi persona y por los buenos planes que tiene para mí. Proclamo la realidad de lo que Dios dice que soy. Ese es el beneficio de que el hombre viejo esté muerto.

> *Lo mejor de todo, significa que puedo lograr mucho más de lo que jamás imaginé o soñé, porque mi muerte permite que reine todo el poder de Dios.*

¡Soy una nueva creación!

Cuando estaba luchando contra las derrotas y las fortalezas de mi vida, leí en mi Biblia: "Por lo tanto, si alguno está en Cristo [el Mesías], es una nueva creación. ¡Lo viejo ha pasado, ha llegado ya lo nuevo!" (2 Corintios 5:17, NVI). En un primer momento, creí que así debía ser *en teoría*, porque no veía ninguna evidencia de esa verdad en mi vida. Consideraba a Jesús el Señor, realmente mi Señor. Pero no tenía la victoria. No veía una nueva creación. ¡Ese pollo revoloteaba desde hacía mucho tiempo y estaba segura de que aún conservaba su cabeza!

Más adelante, pensé que posiblemente se trataba de una promesa espiritual a la que aferrarse. Quizás algún día me sentiré como si fuera una nueva creación. Quizás cuando vaya al cielo, finalmente seré aquello para lo que Dios me creó. ¡Pero ahora ese versículo es el lugar de mi victoria! Me sostengo sobre la verdad de que soy una nueva creación, y cuento con ello mientras camino por *fe*.

La fe, tal como lo explica la *Nueva Traducción Viviente* en Hebreos

11:1 (NTV), es "lo que nos da la certeza de las cosas que no podemos ver". Mediante la fe, concibo como verdad el *hecho* de que soy una nueva creación y luego elijo caminar en esa verdad. Decido vivir regida por lo que soy, y no guiada por mis antiguos patrones de hábitos. Tomo las decisiones de acuerdo a mi nueva naturaleza, y eso le da a Jesús un lugar más grande donde habitar.

Lo que impulsa mi victoria es aprender a vivir de acuerdo a lo que realmente soy. Recuerda que no eres la espina de Romanos 7. Pero los pecados y las fortalezas, las falsas identidades y los problemas de nuestra carne ciertamente intentan limitar nuestra capacidad de vivir desde nuestros espíritus, teniendo la vida de Cristo como fuente. A medida que nos identificamos y extirpamos esas "piedras" (como las llamo yo), tendremos más capacidad y poder para caminar nuestra vida guiados por el Espíritu.

Las responsabilidades de lidiar con la carne

Romanos 8:1 declara que no existe más condenación para aquellos de nosotros que estén en Cristo. Cuando digo que ya no hay condenación y hablo de la gracia por la que caminamos, no estoy sugiriendo de ningún modo que tenemos una licencia para pecar. Somos responsables de lidiar con nuestra carne.

Lee los siguientes versículos para conocer cuáles son tus responsabilidades:

Libérense: "Pero ahora es el momento de eliminar [completamente] el enojo, la furia, el comportamiento malicioso, la calumnia y el lenguaje sucio" (Colosenses 3:8, NTV).

Revístanse: "Vístanse con la nueva naturaleza [espiritual] y [la cual está en proceso continuamente] de renovarse a medida que aprendan a conocer a su Creador y se parezcan más a Él [su semejanza]" (Colosenses 3:10, NTV). "Dado que Dios los eligió para que sean su pueblo santo y amado por Él, ustedes tienen que vestirse de tierna compasión, bondad, humildad, gentileza y paciencia [la cual es incansable y tiene el poder para soportar, venga lo que venga, con templanza". (Colosenses 3:12, NTV).

Considérense: "Así también ustedes deberían considerarse muertos al poder del pecado y vivos para Dios por medio de [en comunión ininterrumpida con Él] Cristo Jesús" (Romanos 6:11, NTV).

Dejen morir: "Por lo tanto, amados hermanos, no están obligados a hacer lo que su naturaleza pecaminosa los incita a hacer; pues, si viven obedeciéndola, morirán; pero si mediante el poder del Espíritu hacen morir las acciones de la naturaleza pecaminosa, vivirán" (Romanos 8:12-13, NTV). "Los que son de Cristo Jesús han crucificado la naturaleza pecaminosa, con sus pasiones y deseos. Si el Espíritu nos da vida, andemos guiados por el Espíritu" (Gálatas 5:24-25). "Por tanto, hagan morir todo lo que es propio de la naturaleza terrenal: inmoralidad sexual, impureza, bajas pasiones, malos deseos y avaricia, la cual es idolatría" (Colosenses 3:5).

Pasos hacia la Victoria

Él nos libró del dominio de la oscuridad y nos trasladó al reino de su amado Hijo. (Colosenses 1:13)

❖ La definición de la palabra griega traducida como "trasladar" es "transferir, llevar, desechar o (metafóricamente) intercambiar[11]". Agradécele a Dios por tu nueva vida, tu nuevo ADN y la victoria que has logrado al haber sido **intercambiado** por la vida de Jesús.

❖ Revisa la sección sobre lo que significa morir para ti. ¿En qué área(s) esa sección te trae convicción? ¿Qué parte de esa sección te ayuda a tener más esperanza? Debate con Dios y recibe Su empoderamiento para vencer al enemigo real.

❖ Sigue confesando tus áreas de pecado personal, tal como Dios las revela, usando la oración que está al final del Capítulo 3. Sin embargo, sé consiente de que nunca seremos seres divinos mediante nuestro propio esfuerzo. La Palabra dice que el legalismo no tiene valor para controlar las pasiones de la carne[12]. Nuestra santidad debe provenir de nuestra nueva naturaleza, de la vida de Cristo. No podemos esforzarnos por obtenerla.

❖ ¿Sabías que la raíz espiritual de las enfermedades autoinmunológicas es el odio que sentimos por nosotros mismos y la ira que guardamos dentro? ¿Qué injurias te has dicho a ti mismo? ¿Qué mensajes negativos hacia tu persona has recibido? Enuméralos y luego **usa la siguiente oración para intercambiar cada parte de tu antigua identidad negativa por una nueva.**

ORACIÓN PARA CAMBIAR LAS DECLARACIONES SOBRE TU IDENTIDAD

- Confieso que fue un pecado decirme a mí mismo_____.
- Confieso mi pecado de **aceptar** el mensaje de que soy_____.
- Renuncio a esa identidad en el nombre de Jesús. Rompo el poder y la autoridad que le di al enemigo de intervenir en mi vida a través de estas maldiciones verbales.
- Proclamo que *Todo lo que Jesús es, también lo soy yo.*
- Proclamo que soy_____ (pregúntale al Espíritu Santo qué palabras describen mejor tu verdadera identidad y escríbelas aquí).

(Esta oración ha sido adaptada de *Restoring The Foundations [Segunda Edición]*. Se utiliza con permiso. www.RestoringTheFoundations.org.)

Conserva la lista que describe tu verdadera identidad y consúltala a menudo. Busca versículos de la Biblia que refuercen las cosas buenas que Dios conoce de ti. Proclama esas verdades.

Capítulo ocho
NUESTRAS ELECCIONES

Así que les digo: Vivan por el Espíritu, y no seguirán los deseos de la naturaleza pecaminosa. (Gálatas 5:16)

El versículo clave para mi curso, *Lifestyle of Liberty*, es Gálatas 5:16. Mientras vivamos (caminemos) en el Espíritu, no satisfaremos (cumpliremos) los deseos de nuestra carne (naturaleza pecaminosa). ¿Dónde vivimos? ¿Vivimos adoptando la vida de Jesús como nuestra fuente, guiados por el Espíritu? ¿O vivimos según nuestra *propia vida*, guiados por la carne? Dios, al proveernos la salvación, tiene la intención de que vivamos vidas de libertad y plenitud, liberados de nuestras esclavitudes. Antes de que podamos vivir en esa libertad, debemos tener en claro cuántas veces hacemos lo contrario. También es necesario ver de qué modo nos afectan las elecciones que realizamos todos los días.

Ya hemos evaluado nuestra elección principal. ¿Permitiremos que Dios gobierne y reine en nuestras vidas? En el Jardín de Edén, Satanás tentó a Adán y a Eva. Ahora intenta engañarnos de la misma forma. Nos incita a que nosotros gobernemos nuestras vidas al atacar el carácter de Dios. "Te estoy diciendo que *debes* comer de ese árbol. Es bueno para ti. Dios no tiene en mente tus mejores intereses. Él quiere ser el gran sabelotodo. ¡Es por eso que decidió ser **Dios**!"

Satanás continua e incansablemente siembra mentiras sobre Dios, sobre nosotros y sobre los demás. Apela a nuestro orgullo y nos incita a pretender ser Dios, o a querer ser como Él. Y nosotros accedemos a ello en nuestras elecciones cotidianas, la mayoría de las veces desconociendo que estamos tomando esa decisión.

Resulta interesante que la separación de Dios, en el Jardín y también en nuestras vidas, es la *causa* de nuestro pecado, no la consecuencia de ello. Primero, elegimos ser dioses y cerramos nuestros corazones a Él. Luego aparece el pecado, que intensifica aún más esa separación mientras estamos aprisionados bajo el dominio de Satanás. Vivimos la vida guiados por la carne (debajo del manzano) en lugar de ser guiados por el Espíritu (debajo del árbol de la vida eterna, que es la vida de Cristo).

LA CARNE
DESOBEDIENCIA
INDEPENDENCIA
ESCLAVITUD
LA LEY
HECHO
REGLAS
MUERTE

ESPÍRITU
OBEDIENCIA
DEPENDENCIA
LIBERTAD
GRACIA
VERDAD
RELACIÓN
VIDA

ESFORZARSE
HACER
COMPETIR
TEMER

OBEDECER
SER
PREFERIR/ALENTAR
CONFIAR

La vida debajo del manzano está regida por la carne. Es el árbol del pecado, de la desobediencia y de la vida propia. Las consecuencias son la esclavitud y la muerte. Sin embargo, su fruta no siempre parece podrida cuando vivimos allí. La manzana puede verse bastante tentadora. El problema surge cuando la fuente y el dios, es el ego. La carne es todo lo que soy cuando me aparto de Cristo. La vida debajo del manzano no necesariamente es contraria u opuesta a Dios, ¡puede incluso ser un ministerio! Pero si siempre actúo desde mi propia fuerza, según mis propios deseos y para mi propio beneficio (aunque sea indirectamente, estoy siendo guiada por la carne.

Vivir debajo del manzano no siempre implica una relación de esclavitud con lo que consideramos las grandes prohibiciones; puede simplemente referirse a nuestra independencia y egocentrismo. Sin embargo, cuando pecamos reiteradamente, vivimos en la esclavitud, no importa cómo luzca. Podemos reconocer que somos esclavos a causa de nuestras emociones y del estrés que esa esclavitud nos genera, o por el efecto negativo que tiene sobre los demás. El objetivo es detectar cuándo estamos viviendo guiados por la carne y hacernos a un lado para permitir que la vida de Cristo sea nuestra vida. Observemos algunos casos reales que ejemplifican este concepto.

Paul era un hombre exitoso por sus propios esfuerzos, él surgió de una situación de relativa pobreza. Quería que sus hijos tuvieran todo lo que él no había tenido cuando creció. Su intención era brindarles la seguridad y protección que, en realidad, él (sin saberlo) tampoco tenía. Paul necesitaba que sus hijos se destacaran y fueran exitosos para poder dar muestra de su valor y reforzar la imagen de su ego. Por eso era exigente con ellos en las áreas de disciplina, obediencia, educación y asistencia a la iglesia. Si bien todas esas cosas son buenas, pueden ser dañinas si otra persona nos obliga a hacerlas debido a sus propias necesidades personales.

Todos ellos vivían debajo del manzano. Paul era crítico y demandante. No sabía por qué no podía controlar su ira, aunque en todos los otros aspectos de su vida era un modelo de "perfección". Sus hijos se sentían frustrados porque él les escogía las actividades extracurriculares sin tener en cuenta sus elecciones, deseos o aptitudes naturales. La falta de respeto y la rebelión comenzaron a crecer dentro de los niños, a menudo haciéndoles tomar malas decisiones en la vida. Cuando cometían errores, la reacción instintiva de Paul era solucionarlo mediante una conducta más controladora.

Paul indudablemente era un gran cristiano que actuaba desde un corazón lleno de amor por sus hijos. Sin embargo, no era eso lo que sus hijos recibían porque Dios no era el centro ni la fuente del hogar. **El problema no era que Jesús no era el Señor, sino que Él no era la fuente**. Impulsado por el miedo (aunque él creía que era amor), Paul sobreprotegía más a sus hijos cuando eran desobedientes e intentaba cambiarles el comportamiento. Sus hijos no percibían eso como un acto de amor, sino como un acto de desaprobación y rechazo. Paul no podía ver al hombre espiritual en cada uno de sus hijos y no convocaba aquello que Dios había creado y denominado "bueno". Tampoco actuaba desde un lugar de plenitud ni tenía a Dios como Su fuente, como aquel encargado de satisfacer sus necesidades y otorgarle valor.

La carne es todo lo que soy cuando me aparto de Cristo.

El esposo de Shelley era un hombre pasivo y alcohólico clandestino, mientras que ella siempre necesitaba mostrarse fuerte y proveer a su familia. Shelley descubrió que es muy fácil partir desde el Espíritu y terminar en la carne. No sabe en qué momento exacto sucedió eso en su vida. A veces, sus ganas de trabajar duro y de ser eficiente eran simplemente una necesidad, pero al no tener a Dios continuamente como su fuente y suficiencia, agotó todas sus fuerzas, y pronto sintió que no tenía la capacidad para seguir adelante.

La relación con sus hijos se veía afectada. Los niños sentían que no podían compartir sus asuntos personales con ella, porque siempre estaba ocupada. Para empeorar aún más las cosas, los niños se sentían frustrados por la constante necesidad de su madre de darles la respuesta adecuada y *ayudarlos* en vez de escucharlos.

La forma en que Shelley daba y recibía amor era mediante actos de servicio. A consecuencia de eso, estaba tan ocupada en sus tareas, que sus hijos y su esposo se sentían insignificantes. Hacia afuera, era un modelo de generosidad cristiana pero, por dentro, sentía que se estaba desmoronando y no sabía por cuánto tiempo más podría soportarlo. Lo que Shelley debía ver es que era ella quien mantenía todo en pie, en lugar de Dios. Comenzó a evaluar sus acciones y motivaciones constante y honestamente. Cuando fue capaz de ver con qué frecuencia se desempeñaba debajo del manzano, se sintió impulsada a dar un paso al costado y a vivir más continuamente debajo del árbol de la vida eterna.

> *Comenzó a evaluar sus acciones y motivaciones constante y honestamente. Cuando fue capaz de ver con qué frecuencia se desempeñaba debajo del manzano, se sintió impulsada a dar un paso al costado y a vivir más continuamente debajo del árbol de la vida eterna.*

Gary y yo invitamos a mi madre a vivir con nosotros los últimos años de su vida. Mis motivaciones estaban completamente alineadas al árbol de la vida. Quería que mi madre estuviera rodeada de amor, de su familia y de Dios. Creía que podría liberarse del estrés y de la preocupación. Quería que se sintiera mimada y segura. En mi ignorancia sobre la vejez, cometí muchos errores. Al mismo tiempo, mi madre no era una mujer libre desde el punto de vista espiritual, lo que incrementó la tensión en nuestra relación. Rápidamente me encontré a mí misma morando debajo del árbol manzano, sintiendo las emociones de una niña que no podía destacarse lo suficiente como para complacer a su madre.

Por suerte, comprendí esos conceptos y transité esa etapa con Dios como mi fuente, elegí diariamente amar con el amor de Dios y perdonar como Dios me perdona a mí. No fui perfecta en ese sentido, era y soy un ser humano que se encuentra dentro del proceso. Ahora miro hacia atrás y veo muchas cosas que me hubiera gustado hacer de otra forma. Aunque tomé decisiones para estar debajo del árbol correcto todos los días, aún estaba más equivocada de lo que creía. Necesitaba reconocer mis malas elecciones y acciones a medida que Dios me las revelaba, y confesarlas como pecado para poder vivir en libertad.

Ahora necesito **permanecer** debajo del árbol de la vida y recibir la **gracia**. Rechazo al espíritu de remordimiento que quisiera arrastrarme nuevamente hacia el manzano. Nuestro Dios tan misericordioso comprende este proceso de transformación.

> *Nuestro Dios tan misericordioso comprende este proceso de transformación.*

Varios meses después de que mi madre se muriera, Dios me habló y dijo: "¿Sabías que el tiempo que tu madre pasó contigo fue su preparación para ir al cielo?" La alegría y la paz me invadieron cuando recibí esa afirmación. No veo la hora de volver a verla y escucharla hablar de cómo fue su experiencia cuando entró al cielo.

Vivir conforme al Espíritu es vivir una vida de gracia

Cuando no somos capaces de reconocer y recibir la gracia, vivimos conforme a la ley, es decir, debajo del manzano. Si vives guiado por la ley, no se te permite fallar ni siquiera en un aspecto[1]. Lo comparo con estar en una bañera llena de agua y pelotas de ping-pong e intentar mantener todas las pelotitas debajo del agua al mismo tiempo. Aunque vivir conforme a la ley es una tarea frustrante e imposible de realizar, muchos se desviven por intentar lograrlo.

¿Por qué cumples la ley? ¿Intentas impresionar a Dios y aparentar ser bondadoso ante los demás? ¿Crees que debes ganarte el perdón y la bendición? ¿Sigues las reglas para recibir la aprobación y el afecto? ¿En tu mundo no debe faltar ni un punto ni una coma para sentirte en paz cuando cumples con los requisitos? Si es así, córrete de ese lugar y recibe la gracia de Dios.

La gracia ha sido descrita como las riquezas de Dios a expensas de Cristo. Jesús pagó el precio requerido para que tuviéramos una buena relación con Dios. Dios, en Su gracia, quiere que recibas y participes de las riquezas de Su reino. Él estira Su mano todos los días para entregártelas.

La gracia de Dios también nos prepara y nos empodera para que podamos vivir conforme a la virtud de Dios. La misma gracia que nos salva[2] opera en nosotros para darnos virtud y capacitarnos en ella[3]. La palabra griega equivalente a gracia se describe como "la influencia divina sobre el corazón"[4]. Por cierto Dios, conforme a Su gracia, obra en nosotros para que deseemos y tengamos el poder de hacer lo que es bueno y gratificante para Él.[5]

Si no tenemos cuidado, incluso la mismísima busca de Dios puede llevarnos a estar debajo del manzano. Nos subimos a esa escalera (ver la ilustración anterior en este mismo capítulo), contemplamos el horizonte y divisamos a otra persona, y luego empezamos a compararnos con ella. Podemos pensar que esa persona es más talentosa y concluir que quizás nosotros no somos tan valiosos. Incluso entre los cristianos, luchamos y competimos como si nuestros dones y llamados simbolizaran nuestro valor.

Dios nos llama a entablar **una relación**. Su más grande anhelo y nuestra máxima victoria se logran cuando habitamos y descansamos en Él. Esta es la única forma (y el único momento) en que Dios puede fluir a través de nosotros y lograr aquello que es bueno y gratificante para todos.

Quizás tu carne es verdaderamente desagradable y eres esclavo de tus malas actitudes, acciones y hábitos, y te sientes incapaz de mejorar. Puede suceder que estés desesperanzado por la persona en que te has convertido o te preguntes por qué Dios te creó de esa forma. Sería evidente para los demás que estás viviendo debajo del manzano. Te aseguro que tu carne no es peor que la de ningún *santo en proceso*, y que tu remedio es el mismo. Cientos de veces al día elegimos quién será nuestra vida y nuestra fuente. Debemos optar por la relación y la gracia, así como también por la obediencia y la confianza.

> *Debemos optar por la relación y la gracia, así como también por la obediencia y la confianza.*

Según el diccionario, un hipócrita es una persona que se comporta de forma opuesta a sus creencias o sentimientos manifestados, una persona *que pretende ser lo que no es*[6]. A veces usamos nuestra comprensión errónea de la hipocresía como excusa para darle paso a la carne. "Bueno, estoy muy enojado en este momento", decimos, "no quiero ser hipócrita y fingir que todo está bien. ¡Entonces que todo el mundo reciba mi ira!" Una mejor elección sería darte cuenta de que tu *verdadero yo* tiene acceso a la plenitud de la vida de Cristo y puede *adoptar* Su paciencia, compasión y paz, así como demostrar Su vida y naturaleza en todos los que te rodean. Si te comportaras como lo dictan tus emociones, serías un hipócrita en ese momento por no actuar como lo dicta tu verdadera naturaleza.

¿Qué pasaría si te levantaras un domingo por la mañana sintiéndote deprimido y estresado a causa de un reciente torbellino de problemas? ¿Irías a la iglesia con un rostro feliz y, cuando te preguntaran cómo te sientes, responderías "¡Bendecido!" con una gran sonrisa? ¿Sabías que si haces eso, existen las mismas posibilidades de que estés bajo el manzano como debajo del árbol de la vida? La diferencia reside en ser honesto o simular.

Son pocas las personas que al observarte podrían notar debajo de qué árbol te encuentras. Si estás simulando, estás debajo del manzano. Esa elección de simular puede provenir de la necesidad de siempre aparentar estar bien y recibir la aprobación. O puede indicar que sientes que no eres digno de recibir ayuda, o dudas que le importes a alguien. Son incontables los motivos por los cuales decides fingir.

Sin embargo, si eliges decir lo mismo que Dios dice acerca de tus circunstancias y te posicionas bajo el árbol de la vida, declaras una verdad y eres efectivamente bendecido. Cuando recibes el amor, la esperanza y el consuelo de Dios, por cierto se dibujará una sonrisa en tu rostro al ser Su vida tu fuente. Accedes a toda la alegría y la esperanza de Jesús, y puedes descansar en Él hasta que tus sentimientos coincidan con Su naturaleza y tus circunstancias se alineen a Su Palabra.

*Dios ha creado todo, y todo existe **por Él y para Él**. ¡A Dios sea el honor por toda la eternidad! Así sea. (Romanos 11:36, NBLH, énfasis agregado)*

❖ Pídele a Dios que te revele en qué momento vives según tu propia fortaleza y tomas decisiones de acuerdo a tu propia voluntad. Confiesa eso como pecado y ruégale a Dios que te perdone.

❖ Lee Filipenses 2:13. Con tus propias palabras, escribe una oración en la que le solicitas a Dios que te brinde Su empoderamiento y Su gracia para enseñarte y ayudarte a vivir con Jesús como tu fuente y tu fortaleza. Declara que confías en Su capacidad de obrar en ti.

❖ **¿Eres esclavo de ciertos pecados específicos?** Mira este resumen y la lista debajo del manzano, y pídele a Dios que resalte las instancias en que vives de acuerdo a la carne. Vuelve hacia atrás y usa la oración al final del

Capítulo 3 y ¡sigue leyendo!

Un resumen de lo que es la carne:

- Todo lo que soy, fuera de Cristo
- Cuando me comporto:
    - De acuerdo a mis propios deseos
    - Según mi propia forma
    - Desde mi propia fuerza
    - Para mi propio beneficio
- Las fortalezas del pecado que surgen de la desobediencia—mis malas elecciones
- El lugar de la falsa identidad
- Mis formas de sobrellevar las situaciones y protegerme a mí mismo

Capítulo nueve
EL PERDÓN

Una noche de un día de semana que asistí como oyente al estudio bíblico para mujeres, rogaba que nadie notara las lágrimas que se formaban en mis ojos y que casi no podía contener. El tema era el perdón. Estábamos en una visita temporal después de haber vivido ocho años en España como misioneros. Dios posó Su dedo en un lugar de mi corazón y supe que me estaba mostrando que tenía trabajo que hacer en el área del perdón.

Volví a casa a la carrera e hice dormir rápidamente a los niños. Estaba ansiosa por estar a solas con Dios y escuchar lo que tenía para decirme. Impulsada por el Espíritu Santo, saqué un casete de la radio del auto y lo llevé a mi casa. Con los niños dormidos y mi esposo fuera de casa, escuché una canción una y otra vez durante casi dos horas, parando, rebobinando, orando y entrando en profundidad.

Comprendí que Dios me estaba indicando que debía perdonar a dos personas: a mi padre y a un compañero misionero (quien, en lo natural, fue el responsable de que no volviéramos a España por otro período más). Al final de esas dos horas, había sido quebrada y luego sanada. Había recibido el perdón y, por lo tanto, ya era capaz de perdonar.

Lo que significa perdonar

La primera persona a quien debía perdonar era mi padre. Él murió cuando nosotros vivíamos en España, así que toda la familia tomó un avión para asistir a su funeral. En la recepción que le siguió, se me acercó un amigo suyo muy cercano, un colega profesor y católico devoto, e iniciamos lo que pensé sería una conversación agradable.

"Escuché que son misioneros en España", dijo.

"Así es", respondí con inocencia.

"Tengo entendido que España es un país católico".

"Sí, lo es", respondí asintiendo.

De repente, su semblante cambió por completo y me respondió con dureza, apuntándome con el dedo: "¿Entonces qué están haciendo allí?"

Para mí, aquello fue como si mi padre se hubiera levantado de su tumba para condenarme una última vez por ser quién era y por defender lo que defendía.

Creía que ya había perdonado a mi padre. Pero aquella noche en el estudio bíblico, Dios hizo que tomara mayor conciencia, y eso tuvo un enorme impacto en mí. Había perdonado a mi padre por su alcoholismo, su ira y otras cuestiones y pecados. Pero Dios quería mostrarme más.

Lo primero que comprendí es que mi padre no contaba con los recursos para darme lo que yo esperaba de él. Nunca conocí toda su historia, pero los hechos que fui descubriendo más adelante me confirmaron que aquella noche escuché correctamente a Dios. Él me estaba haciendo entender que mi padre no tenía la capacidad ni la aptitud para brindarme lo que yo deseaba ni lo que él realmente hubiera querido darme. Era una persona herida.

Vivimos en un mundo pecaminoso, por lo tanto estamos heridos. A menos que seamos sanados, quienes hemos sido heridos (cada uno de nosotros) transmitiremos eso mismo y nos convertiremos en personas que hieren a los demás. Tratamos al prójimo según la forma en que nos vemos a nosotros mismos y según la manera en que nos tratan.

Al igual que todos los niños, yo necesitaba sentir que era amada incondicionalmente. También ansiaba recibir la enseñanza, la aprobación y la dirección de mi padre, así como también su seguridad y provisión. Él no podía darme todo aquello que yo tan desesperadamente necesitaba de una forma sana. He aprendido que no dejaré que la incapacidad de otra persona controle mi vida o mi mente, ni que afecte quien soy o mi forma de reaccionar.

Desde luego, todos ocupamos roles. Los padres tienen responsabilidades específicas. Las expectativas son legítimas pero no pueden convertirse en demandas, porque si no somos *nosotros* quienes resultaremos heridos en ese proceso. Había juzgado a mi padre por sus errores y redactado un enorme pagaré en mi corazón, el cual contenía una lista de las acciones suyas que me causaron dolor y acusaciones con respecto a lo que esperaba pero nunca recibí.

Mientras reflexionaba sobre ese pagaré, sentí que Dios me decía: "**Yo he pagado por sus pecados, así como por los tuyos. No puedes retenerlos en su contra.** *Además*—¿no te he dado yo todo aquello que figura en esa lista? No puedes conservar un pagaré que ha sido pagado en su totalidad por otra persona". Jesús murió por los errores cometidos **por** nosotros (nuestros pecados) y **hacia** nosotros (los pecados de los demás).

*Jesús murió por los errores cometidos **por** nosotros (nuestros pecados) y **hacia** nosotros (los pecados de los demás).*

Si una noche fueras a cenar a un restaurante y una persona de otra mesa pagara tu cuenta, ¿permitirías que el mozo te cobrara también a *ti*? ¡No! Para decirlo de otra manera, ¡no pagarías una cuenta ya saldada! Generalmente, tampoco le entregarías tu tarjeta de crédito al mozo sin tener idea de cuáles son los cargos. Por ese motivo, **realmente debes completar el pagaré.**

¿Cómo te hizo sentir el pecado de esa persona? ¿Cuál fue su costo? Como consecuencia del pecado de mi padre, crecí sintiendo desamor, rechazo, humillación, inferioridad e inseguridad. Me costó la confianza y la capacidad de planificar y esperar cosas buenas para mi futuro. Pero Dios dice: "¡Yo pagué esa cuenta!" *El perdón significa que cancelaré esa deuda.* Dejaré de demandarle el pago a mi padre (o lo liberaré del hecho de que nunca *pagó*).

Casi siempre queremos cobrarnos el pago o bien que la otra persona *pague*. Si tuvieras una hija que fue violada y asesinada, y conocieras a quien lo hizo, te pregunto: ¿cómo quisieras que el agresor pague por ello? ¿Qué sería suficiente recompensa para tu pérdida?

Cuando una persona peca en contra nuestro, siempre surgen consecuencias. Elegir el perdón implica aceptar convivir con las consecuencias del pecado de otra persona. No puedes aceptar convivir con ellas si no sabes cuáles son. Lo cierto es que no podemos evitar esas consecuencias. Sin embargo, tenemos el poder de elegir nuestra actitud y la responsabilidad de proteger nuestro corazón.

Si tuvieras un accidente automovilístico causado por un conductor borracho y quedaras paralítico, tendrías que convivir con las consecuencias del pecado de esa persona. Cuando *aceptas* convivir con dichas consecuencias, desligas a esa persona de tu deseo de venganza y liberas a tu corazón de la amargura. La amargura es carcoma de los huesos[1].

Muchas veces se ha dicho (y sigue siendo cierto) que: no perdonar es como beber veneno y esperar que la otra persona muera. Debemos comprender que sobre nuestros cuerpos recae el castigo por la falta de perdón, que luego se convierte en amargura. ¡No bebas el veneno! Libera de cargos a la otra persona.

¿Cuál es la alternativa a la falta de perdón y a la amargura? Los pecados y las ofensas de los demás nos causan mucho dolor y a veces tienen terribles consecuencias. Te aseguro que Dios se conmueve con tu pena y tu dolor. Él llora por tus pérdidas, y pone tus lágrimas en una redoma². ¡La Palabra de Dios dice que para sufrir nuestros dolores (nuestras enfermedades, debilidades, angustias, penas y dolores)³ fue el motivo por el que Jesús vino a la tierra!

Elegir el perdón implica aceptar convivir con las consecuencias del pecado de otra persona. No puedes aceptar convivir con ellas si no sabes cuáles son.

Derrama tu corazón a Dios. Cédele las consecuencias con las que estás conviviendo y luego confía en que Él dispondrá todas las cosas para traer el bien a tu vida. Estoy convencida de que no importa lo que otros, o incluso el enemigo, intenten hacer para traer el mal a mi vida, Dios siempre es más grande. Él ha pagado por el pecado, tanto el tuyo como el de aquellos que te han herido. Y también nos lleva en Sus brazos mientras atravesemos las consecuencias.

El ejemplo de José

Podemos aprender a través del ejemplo de José en el libro de Génesis. A José lo maltrataron una y otra vez. Era odiado por sus hermanos, fue vendido como esclavo, fue acusado erróneamente de un grave delito y apresado por ello, y finalmente olvidado por aquellos a quienes había ayudado. Muchas personas lo hirieron durante su vida. Sin embargo, en su historia no hay un solo indicio de que haya *aceptado* las maldades que le hacían. A menudo recibimos las maldades que nos hacen, ya sea en nuestra identidad o en nuestra alma y en nuestras emociones. Aparentemente, José confió en Dios en todos los eventos de su vida. José pudo superar cada situación gracias a su fe y a su forma de reaccionar.

Generalmente, las ofensas que has recibido no tienen nada que ver contigo. Tú no eres malvado y no mereces que te traten de esa forma. Esas ofensas son un reflejo de la otra persona. José tenía su identidad intacta. Él comprendía que no merecía ese trato que le habían propinado. Entonces, *eligió no aceptar esa ofensa* que lo llevaría a la amargura, a la ira y a la condenación.

Al mismo tiempo, José entendía que realmente se trataba de una ofensa. Muchas veces, ponemos un manto de perdón o justificamos el comportamiento de los demás. O para evitar deshonrar a una persona (quizás a uno de nuestros padres) al acusarlos, en lugar de reconocer y perdonar, ignoramos y ocultamos la realidad. Decimos: "Bueno, no fue esa su intención" o "No supo cómo hacerlo de un mejor modo". Aunque eso puede ser cierto, para que el perdón llegue a ser profundo, debemos llamar a las cosas por su nombre. ¡Ellos se equivocaron! ¡Su pecado tuvo consecuencias! Hemos resultado heridos a consecuencia de ello.

No somos capaces de absolver el pecado en nuestra contra hasta que no admitamos dicho pecado, el hecho de que nos hirió y las consecuencias que tuvo sobre nosotros. Por eso, cuando los hermanos de José acudieron a él en busca de perdón, él no dijo: "No hay problema, no pasa nada, Dios ya se ha ocupado de ello". En cambio, dijo: "*Ustedes* tuvieron malas intenciones (reconociendo su pecado) pero *Dios* tuvo buenas intenciones (reconociendo su fe y la presencia de Dios en todo el proceso)".

No creo que la mayoría de las personas que forman parte de nuestra vida tengan intenciones maliciosas. Son simplemente personas heridas que nos lastiman. No estamos en una posición para juzgar sus motivos. Nuestra reacción correcta es perdonar a las personas, tal como hizo José. Él renunció al dolor y a la ofensa, y liberó a sus hermanos. Como consecuencia, su alma y espíritu no quedaron atados al dolor y la ofensa, él era una persona libre.

Un motivo para otorgar el perdón

Lo cierto es que un gran motivo por el que perdonamos es por **nosotros mismos**. Necesitamos ser libres. La falta de perdón es una enorme puerta de ingreso para Satanás. Si nos rehusamos a perdonar, *nosotros* salimos heridos. Las personas que nos han lastimado son como anclas que cuelgan de nuestro cuello. Estamos ligados a ellas. Si tiras esa ancla al agua, ¿quién se hunde? ¡Tú te hundes! Si no quieres ahogarte, cancela la deuda. Corta la soga y libéralos. No exijas una penalidad ni les desees el mal. No desees que recaiga la ira y la venganza de Dios sobre ellos.

Cuando elegimos no perdonar, muchas veces nos perpleja que la otra persona no resulte afectada, incluso cuando nosotros quedamos destruidos. Este principio está claramente descrito en la parábola del sirviente en Mateo 18 que no perdonaba.

> *Si no quieres ahogarte, cancela la deuda. Corta la soga y libéralos. No exijas una penalidad ni les desees el mal. No desees que recaiga la ira y la venganza de Dios sobre ellos.*

Un sirviente había recibido la cancelación de una gran deuda por parte de su amo. Sin embargo, cuando vio a una persona que le adeudaba muy poco en comparación, él demandó el pago. El amo entonces se dirigió al hombre al que le había perdonado tanto y le dijo: "Irás a la cárcel hasta que pagues todo lo que debes". Esto es lo que nos sucede a nosotros. Dios dice que Él nos tratará de la misma forma, siempre y cuando no perdonemos a los demás desde nuestros corazones. Si no perdonamos, seremos entregados a los carceleros… a los torturadores… a los verdugos. Si te sientes atormentado o torturado en algún área de tu vida, quizás se deba a la falta de perdón.

Recuerda, estamos luchando contra Satanás y no contra la otra persona. No tenemos lucha contra sangre y carne[4]. Aquellos que nos han lastimado a nosotros también son "víctimas". Son utilizados como herramientas en las manos del enemigo. Debemos aprender a separar el pecado del pecador, al igual que cuando sacamos un pañuelo de papel de su caja. El pañuelo es el pecado y la caja es la persona. Debemos odiar al pecado pero amar al pecador. Debemos odiar a Satanás, el verdadero enemigo, y mantenernos firmes contra *él*.

Admitir mi parte en la muerte de Cristo

La segunda persona a quien perdoné esa noche fue a un compañero misionero. Debo admitir que es mucho más fácil perdonar a quien no es un cristiano profeso que a quien sí lo es (porque en esos casos, creemos que deberían ser más sensatos). Había padecido la traición de un amigo, que es sobre lo que David a menudo escribe en el libro de Salmos. Sin embargo, mientras escuchaba esa canción en el casete una y otra vez esa noche, reconocí que *lo que me habían hecho no era peor que lo que había vivido Jesús*. Podría entregarle los pecados de mi amigo misionero a Jesús para que Él se ocupara de ellos. Podría elegir tenerle compasión, comprendiendo que él aún no había superado ciertas cosas tampoco. Podría pedirle a Dios que lo bendijera. Y eso fue lo que hice.

Lo que otros me han hecho no se compara con lo que yo le he hecho a Cristo. Esa es la parte del mensaje que estaba escuchando a través de la canción, aquella noche en que decidí perdonar. Por medio de la canción, Dios me mostró claramente que fui yo quien crucificó a Jesucristo. Fui yo quien lo traicionó. Fui yo quien lo entregó al castigo y al dolor que no merecía. Permití que sufriera en mi lugar, sin dejar de acusarlo. Me burlé de Jesús. No lo comprendí y desquité mi ira y confusión sobre Su carne. Hice todo eso, mientras que la verdadera culpable era yo.

¿Sabes que si fueras la única persona que habitara la tierra, Jesús habría muerto sólo por ti? Bendigo a Mel Gibson, quien en la película *La Pasión de Cristo* insistió con ser el actor que empuñaba el martillo que clavó a Jesús en la cruz. Él entendió que fue *su* pecado lo que ocasionó el sufrimiento y la muerte de Jesús. Debemos reconocer y admitir lo que cada uno de nosotros individualmente le hizo a Jesús.

Aunque seamos la causa de un dolor infinito, Jesús siempre (y únicamente) nos mira con amor. Mientras la canción se reproducía esa noche, se me vino la imagen de Jesús mirando a Pedro a los ojos después de su traición. Jesús estaba callado. La mirada en Sus ojos era una contemplación clara y constante que penetraba el alma de Pedro (y también la mía). Fue una mirada que vi desde mi espíritu y que jamás olvidaré. La contemplación clara y penetrante de Jesús no me culpaba ni condenaba por nada.

En cambio, un *amor* puro e intenso brotaba de Su rostro al mirarnos a los ojos. Él perdonó mi crueldad y me dio Su amor.

Cuando pausé la reproducción de la canción aquella noche, fui capaz de admitir la enormidad de mi culpa y reconocer la intensidad del amor y del perdón de Dios Todopoderoso. Después de eso, ¿cómo podría rehusarme a perdonar a quien me debía tan poco en comparación? Y por eso, ahora te pregunto: ¿puedes ver esa mirada de Jesús, una mirada dirigida a ti que no te condena por nada, sino que solo derrama amor líquido por ti? Y si eres capaz de recibir ese amor y ese perdón, también puedes decir: "¿Qué puede hacerme el hombre? ¿Qué ha me hecho el hombre alguna vez que se compare siquiera remotamente con lo que le hice a Jesús?"

Durante un período particularmente difícil de mi vida, Dios me confrontó mediante la Palabra, diciendo: "En la lucha que ustedes libran contra el pecado, todavía no han tenido que resistir hasta derramar su sangre" (Hebreos 12:4). Toma la decisión de entregar sin reservas el perdón que has recibido sin límite alguno. ¡Oh, que Dios nos permita ser conscientes de cuánto nos recriminamos entre nosotros y nos ayude a ver la mezquindad que hay en ello!

Necesitamos ayuda para perdonar

Hay muchas cosas que nos sirven de ayuda para proceder con el perdón. Una de ellas es abrir tu corazón para comprender la debilidad y la necesidad de la persona que te hirió.

Marianne fue a consultar a un asesor espiritual porque estaba enojada, y porque tenía una relación con un hombre casado que sabía era incorrecta. En la raíz de sus emociones y de su conducta, se encontraba el hecho de que su padre la había abusado sexualmente después de divorciarse de su mamá. Su padre era cristiano, e incluso había utilizado la Biblia para alentar su *sumisión* a esa conducta pecaminosa. El terapeuta la guió por los pasos hacia la libertad. Al mismo tiempo, compartió su perspectiva: "Es lógico—tiene sentido. Aunque tu padre era cristiano, no había sido liberado de sus pecados, heridas y fortalezas del pasado. Por lo tanto, es razonable que peque nuevamente en esas áreas y lastime incluso hasta sus seres queridos en el proceso".

También es importante admitir que tu *percepción* del hecho puede verse sesgada por tus filtros. Por ejemplo, es posible que una persona que ha sido constantemente rechazada por muchos años tienda a percibir el rechazo incluso cuando ese no sea el caso. Dicha persona pensará que la viste acercarse a ti en el pasillo pero, si no la reconoces, te acusará inmediatamente de rechazarla. En realidad, es posible que hayas visto a alguien detrás suyo con quien tenías que hablar, por lo que tu atención se centró en esa otra persona. No la estabas rechazando, simplemente te encontrabas absorto en tu pensamiento. Quizás ni siquiera la viste. Pero tu acción estaba sesgada por su historia—por su filtro. La persona recibió esa ofensa aunque no se haya cometido ningún pecado en su contra. Nunca conocemos la historia completa. Quizás podemos perdonar a la persona al entender que pudo haber ocurrido un malentendido y malinterpretamos los sucesos.

> *Aunque (el) era cristiano, no había sido liberado de sus pecados, heridas y fortalezas del pasado. Por lo tanto, es razonable que peque nuevamente en esas áreas y lastime incluso hasta sus seres queridos en el proceso".*

Nuestra ayuda más grande es la persona del Espíritu Santo. Romanos 8:26 dice que el Espíritu Santo nos ayuda en nuestra debilidad. Muchos citan este versículo cuando hablan sobre la oración. Pero yo creo que el Espíritu Santo nos brindará su ayuda en cualquier área de debilidad, y nos acompaña cuando somos incapaces de perdonar. Nos envuelve en un abrazo y nos dice: "Hagamos esto juntos". De hecho, creo que fue Jack Frost quien dijo: "si no puedes perdonar a alguien, pídele al Espíritu Santo que perdone a esa persona a través de ti"[5]. Podemos decir: "Dios, soy tu vasija. Perdona a esta persona a través de mí. Espíritu Santo, ayúdame en mi debilidad porque yo no puedo, pero Tú sí".

Ten en cuenta que el perdón es un acto de la voluntad, no así las emociones. Las emociones siguen al perdón. Es posible que no te sientas diferente inmediatamente después. Si las emociones no siguen al perdón, quizás necesites ir un poco más profundo (completar tu pagaré). Posiblemente debas seguir perdonando (porque las ofensas continúan ocurriendo) o quizás simplemente te lleve más tiempo. (Además, ten en cuenta que juzgar a los demás genera incapacidad de perdonar, ver Capítulo 11).

Hace ya algún tiempo, me postulé para un trabajo en cierta organización y lo conseguí. Julia, una voluntaria que participaba en esa organización, también se había postulado pero no fue elegida (obviamente). Sin embargo, continuó desempeñándose allí como voluntaria. Era una cristiana que iba a la iglesia pero padecía ciertos problemas. Estaba totalmente decidida a demostrar que ella habría sido una mejor opción para el cargo. Durante los dos años que trabajé allí, Julia me hizo la vida imposible.

Nos mudamos para que Gary cursara un posgrado y volvimos de visita aproximadamente un año después. Vi a Julia en la iglesia, quien se me acercó cruzando todo el lugar. Cuando la tuve cerca, le di un enorme abrazo y conversé con ella, contenta de verla, como si nunca hubiéramos tenido ningún problema. "Julia, ¿cómo estás?", le pregunté. ¿Cómo fue que pude saludarla con tanto entusiasmo y amor? Reflexioné sobre esa pregunta luego y me quedé perpleja hasta que entendí que mi reacción provenía del hecho de que realmente la había perdonado y no tenía malas intenciones hacia ella.

A la larga, el hecho de haber perdonado se verá reflejado en nuestras emociones. Pero en un primer momento, quizás sólo se trate de una elección y de un acto de voluntad. Ahora bien, perdonar a alguien que nos ha herido no implica que debamos cederle nuestra confianza. La confianza debe ganarse.

Sabes que has perdonado a alguien cuando puedes decir: "Desde este momento en adelante, ya no tendré acusaciones contra esta persona". Mientras analizaba esto, me imaginé a mí misma en el cielo en el momento del juicio final. Señalando a mi padre, Dios me preguntó: "¿Tienes algo que decir en su contra?" Yo sólo podía mirar a mi padre con gran amor y respeto, ansiosa de poder abrazarlo, así que negué con mi cabeza y dije: "No, no tengo ninguna acusación". Era la pura verdad.

Detengamos ese ciclo de lastimarnos mutuamente. Podemos lograrlo al perdonar y ser perdonados. Estamos inmersos en una batalla espiritual. La falta de perdón le da poder a Satanás, nuestro enemigo. Por el contrario, las herramientas de nuestra batalla demolerán sus fortalezas.

> Sabes que has perdonado a alguien cuando puedes decir: "Desde este momento en adelante, ya no tendré acusaciones contra esta persona".

Se nos exhorta a destruir todo lo que se levanta "en contra del conocimiento de Dios"[6]. No quiero enaltecerme o ubicarme por encima de Dios, ni oponerme a Él o a Su camino. Me rehúso a decirle a Dios: "Mi forma es mejor que Tu forma". No negaré el perdón porque creo que es algo muy difícil o porque lo que la otra persona hizo es terrible. Si elijo no perdonar, estoy rechazando la dádiva de Dios. Y hago que su muerte sea superflua al no someterme a Su forma de arreglar las cosas[7].

Admitamos que tenemos la libertad de elegir cómo reaccionar ante el pecado de otra persona. No podemos cambiar su comportamiento, pero sí podemos cambiar nuestra respuesta a ello. Optemos por el perdón y rompamos la atadura espiritual con esa otra persona que nos esclaviza.

Cuando perdonamos, vencemos al enemigo y cerramos una puerta de permiso que le hemos dado para intervenir en nuestras vidas. Cuando perdonamos, permitimos que Dios cumpla la intención que Él tuvo en Su encarnación. Él vino para "sanar a los quebrantados de corazón"[8]. Permítele tomar tu corazón quebrantado y fragmentado, sostenerlo en Sus manos y sanarte por completo.

Pasos hacia la Victoria

❖ Busca los siguientes versículos para conocer la demanda de perdón por parte de Dios:

- Marcos 11:25: ¿A quién se nos pide que perdonemos?

Dios dice que si tú no perdonas, Él no puede perdonarte. Esto no significa que perderás tu salvación, pero tu relación con Dios se verá obstruida. Tu intimidad quedará desbaratada. Sufrirás de algún modo hasta que perdones. Esto también significa que necesitas perdonarte a ti mismo. Estás incluido en la palabra *todos*.

- Mateo 18:22: ¿Cuántas veces debemos perdonar? (7 x 70 = 490. Además, el requisito es que podamos perdonar 490 veces, ¡a la misma persona, en el mismo día, por la misma ofensa! ¡Eso es aproximadamente una vez por cada dos minutos que pasamos despiertos!).

¿Eres cercano a alguien que te sigue ofendiendo de la misma manera (por ejemplo, un cónyuge que aún no ha cambiado)? No creas que porque elegiste perdonar una vez, eso será suficiente. **¡Si las ofensas continúan, también deberá hacerlo nuestro perdón!**

❖ Pídele al Espíritu Santo que te revele si hay una persona a la que no has perdonado. ¿Quién te ha herido? **Completa tu pagaré**. Incluye tanto los pecados por omisión como los pecados por comisión (lo que alguien concretamente te hizo que fue un pecado en contra tuyo, así como el bien que podría haber hecho y no hizo). ¿Cuáles fueron las ofensas? ¿Cómo te hicieron sentir? ¿Cuál fue el costo del pecado de esa persona para ti? ¿Cuáles fueron las consecuencias de su pecado?

- Abre tu corazón a Dios y entrégale tu dolor y las consecuencias que has sufrido.
- Odia el pecado, no al pecador.
- Acepta convivir con las consecuencias del pecado de la otra persona.
- Elige absolver la ofensa y al agresor cuando cancelas la deuda (rompe el pagaré).

❖ Declara la oración que aparece a continuación para otorgarle el perdón a cada persona por cada hecho que Dios traiga a tu mente.

❖ Reemplaza las creencias profanas sobre ti mismo, la falsa identidad que has aceptado como consecuencia de los pecados cometidos en tu contra. (Ver las oraciones de los capítulos 7 y 14).

❖ Pídele a Dios que te ayude a desarrollar un corazón de compasión.

❖ Deshazte de las expectativas de que los demás deben o van a cambiar.

❖ Ruégale a Dios que bendiga a la persona que te ofendió.

❖ Confía en que Dios se encargará de esto para traer el bien a tu vida. ¡Incluso pídele que te muestre de qué forma lo logrará!

ORACIÓN PARA OTORGAR EL PERDÓN

Elijo perdonar a todos los que me han herido y decido absolverlos por su pecado, las maldiciones y las consecuencias sobre mi vida. Perdono a <u>nombre</u>____, por <u>la ofensa específica</u>____, que me ha hecho sentir_____ , y me costó _____. Le entrego esta persona y sus pecados a Dios, y a partir de este momento ya no tendré ninguna acusación en su contra.

Capítulo diez
LA PERFECCIÓN

Estaba comenzando a vivir en el amor incondicional de Dios hacia mí. Empezaba a comprender que Dios no me estaba pidiendo que fuera perfecta. Así y todo, tenía bondad en mi corazón y quería complacer a mi Padre Celestial. Por eso, cuando me liberé de mis propias demandas para lograr la perfección, busqué otra oferta para presentarle a Dios. Por cierto había alguien en mi hogar que podía ser perfecto en representación mía. Elegí a mi marido y le puse mucha presión que actuara de la mejor manera. Jugaba a ser el Espíritu Santo e intentaba obligarlo a ser lo mejor posible, y luego buscaba la aprobación de Dios por nuestros logros. Dios, sin titubear, me aseguró que Él era un Espíritu Santo mucho mejor y me exigió que dejara de ponerme en ese lugar.

¿Por qué sentimos semejante presión de desempeñarnos de la mejor manera? En parte, creo que se debe a que fuimos creados a imagen de Dios, y Él hace *todo* bien. Dios nos creó para tener dominio y excelencia, no para actividades sin propósito. Pero como sucede con muchos aspectos de la vida, Satanás crea una distorsión. Si no puede detenernos o apartarnos de la identidad o del destino que Dios nos dio, intenta desalentarnos en nuestra búsqueda. Sutilmente, nos vamos corriendo a la contienda y al esfuerzo propio.

El problema del interior vacío

Nuestro deseo de destacarnos puede provenir de la vergüenza y de sensación de indignidad. Cuando sentimos nuestro **interior vacío**, buscamos llenarlo con logros. Me convertí en misionera por todos los motivos correctos: un corazón deseoso de ver a mis prójimos salvos, y un llamado, un don, un deseo de dedicarme al ministerio intercultural. Pero tenía una espina, una fortaleza en mi vida. Un espacio vacío que me presionaba para que encontrara **mi valor** en los logros que obtenía. Esta área de la carne me presionaba para alcanzar el éxito en el ministerio. Tan insistente fue esa necesidad, que intenté (sin saber conscientemente lo que estaba haciendo) controlar a quienes me rodeaban para garantizar un resultado positivo. ¿No sería el éxito un sello de aprobación de Dios sobre mi vida? Si mis hijos crecían siendo obedientes y amando a Dios, ¿no sería eso una afirmación por parte de Dios de que soy una buena persona?

En el caso de otras personas, el vacío que tienen en su interior se debe al amor propio y al orgullo. Su carne se siente bien, pueden hacer todo lo que se propongan y son verdaderamente talentosos y dotados. Tienen el deseo de verse bien y asegurarse de que los demás sepan cuán grandiosos son. (Y, lamentablemente, si eres hijo, cónyuge o empleado de esa persona, ¡él o ella puede ser muy intolerante al error y presionarte para que *tú* también te destaques!) Estas personas están llenas de sí mismas y no del Señor. Creo que quienes actúan desde su propia fuerza y para su propio reconocimiento son los que verán sus obras quemadas por el fuego[1].

Dios ciertamente desea que estemos motivados y comprometidos con la excelencia en todo lo que hacemos. Se espera que influenciemos y cambiemos positivamente el mundo en el que vivimos. Pero aquí radica la diferencia: Dios dice que debo desempeñarme fortalecida "por el poder **de Cristo** que obra en mí"[2].

¿Qué perfección requiere Dios?

Destacarse excesivamente también proviene de una interpretación errónea sobre la *perfección* que Dios nos demanda. Hay una diferencia entre la perfección según la ley y la santidad. Nosotros debemos ir en busca de la santidad. Si tienes la intención de llegar al cielo mediante las obras de la ley, no puedes fallar en un solo punto³. La ley es un supervisor brutal. Cuando la Palabra nos advierte que debemos ser perfectos, no dice que nunca podremos equivocarnos. Muchos de nosotros nos volvemos locos a nosotros mismos y a los demás con este falso estándar.

Entonces, ¿a qué perfección debemos aspirar? La palabra griega equivalente de perfección significa "completo (desde el punto de vista moral), mayor de edad, **igual por fuera que por dentro**"⁴. Para mí, esto significa que mi cuerpo y mi alma deben ser **congruentes** con mi espíritu. Cuando fui salvada, mi espíritu fue vivificado. Ahora, en mi espíritu, soy como Cristo. Bajo la mirada de Cristo ya estoy justificada. A medida que progreso en mi perfección, avanzo en reflejar la vida de Cristo en todo lo que soy, hago, siento y elijo. Él es mi fuente, y cada vez me parezco más a Él.

> *A medida que progreso en mi perfección, avanzo en reflejar la vida de Cristo en todo lo que soy, hago, siento y elijo. Él es mi fuente, y cada vez me parezco más a Él.*

Hebreos 2:10 y 5:9 dicen que Jesús tenía que ser perfeccionado. Esto significa que todas Sus elecciones debían reflejar Su verdadera naturaleza. Durante toda Su vida, se le dio la oportunidad de realizar esas elecciones y siempre fue el mismo por dentro que por fuera.

¿Las elecciones que realizamos reflejan nuestra verdadera naturaleza? ¿Es Jesús la fuente y motivación de todo lo que somos y hacemos? No es necesario que actuemos sin cometer errores. Simplemente debemos progresar en nuestra semejanza a Cristo. Según 1 Juan 3:2, ya somos hijos de Dios, pero aún no se ha manifestado completamente lo que seremos algún día. Actualmente, somos parte de un proceso: a medida que nos limpiamos y purificamos, somos capaces de reflejar quien es Él. Contemplamos a Jesús y lo vemos como nuestra fuente. **Con cuanta mayor claridad lo**

veamos y en mayor medida le obedezcamos, más nos pareceremos a Él. Esa integridad y esa libertad están incluidas en el deseo de Dios de que alcancemos la perfección.

El joven rico en Lucas 18 no era tan perfecto como él creía. No era igual por dentro que por fuera, y eso era lo que limitaba su ingreso al reino. No era que Jesús requería otro logro o esfuerzo de su parte (¡lo que habría demostrado que el gobernante debía esforzarse más!). Jesús le estaba pidiendo que probara que su santidad externa reflejaba un corazón divino lleno de amor y compasión. En cambio, vemos que el gobernante verdaderamente sólo pensaba en sí mismo. Su cumplimiento externo estaba ligado al esfuerzo propio y al beneficio personal.

Los celos y la envidia

El mismo interior vacío que nos empuja hacia la perfección y el desempeño excesivo siembra las semillas de los celos y la envidia. Si necesitamos algo externo para demostrar nuestro valor, seguiremos estando en la escalera debajo del manzano. En esa posición, nos comparamos y competimos, y, de ese modo, promovemos la debilidad y enfermedad dentro del cuerpo de Cristo.

Hemos demostrado que cuando un cuerpo lucha contra sí mismo, surgen las enfermedades autoinmunes. De la misma forma, cuando *luchamos unos contra otros*, generamos enfermedades en el cuerpo de Cristo, la iglesia. Esto es particularmente contraproducente cuando nos esforzamos para conocer a Dios en Su plenitud. Aunque sepamos que siempre queda mucho por experimentar sobre Dios y sobre Su Reino, si nos concentramos en lo que otros están experimentando, podemos abrirle la puerta al enemigo. Entonces, Satanás nos hace sentir insatisfacción en cuanto a nosotros mismos y las situaciones que vivimos. Esa insatisfacción puede convertirse en nuestra *motivación* para la búsqueda de Dios, lo que reflejaría que nos movemos desde el amor propio. Nuestra motivación para la búsqueda de Dios debe ser una sed de Dios, que refleja nuestra relación con Él.

Hay una gran diferencia entre tener celos y tener envidia. Codiciar o tener envidia es desear lo que otra persona tiene. Por ejemplo, me encanta practicar la alabanza, aunque no pegue una nota. Podría verme tentada a codiciar los dones vocales de los líderes de alabanza y cantantes famosos, pero nunca tenerles celos. Tenerles celos implica que ellos tienen algo *mío*. ("Estás haciendo lo que *yo* debería hacer. Tienes el puesto que *yo* debería ocupar. Tienes un don que estaba destinado para *mí*").

Confía en la soberanía y el amor de Dios. Si ese trabajo, puesto o don estuviese destinado para ti, ¡ya lo tendrías! Posees un libro en el cielo que registra todo aquello para lo que fuiste creado en esta tierra[5]. Dile a Dios que quieres completar ese destino y recibir Su empoderamiento. Lo que está destinado para ti no tiene nada que ver con lo que está escrito en el libro de otra persona. Tu destino no es mejor ni peor que el de otros. No es más ni menos importante, valioso o significante; simplemente es tuyo. No compitas, compares ni luches. Dios se está ocupando de ti.

Pasos hacia la Victoria

- ❖ Pídele a Dios una revelación personal sobre lo que Él creó exclusivamente para que tú hagas. Disfruta de esa revelación y toma la determinación de ir en busca de ello con Su fuerza y energía.

- ❖ Toma la decisión de celebrar los éxitos de los demás, preferir a los demás y ser su principal colaborador.

- ❖ Confiesa tu pecado de luchar y desempeñarte desde tu propia fuerza. Pídele a Dios que te ayude a reposar en Su aprobación de ti.

- ❖ Si has sido una persona controladora en tus relaciones debido a tu propia necesidad de ser valorado y tener éxito, busca el perdón de las otras personas y recibe el perdón de Dios.

Capítulo once
LOS JUICIOS

El Pastor Mike se ponía cada vez más tieso mientras entraba a la prisión y las pesadas barras de metal se cerraban estruendosamente detrás suyo con un fuerte chirrido. Aquel era el sonido de lo irreversible. No importaba cuántas veces había visitado el corredor de la muerte, nunca se acostumbraba a ello. Mike, un hombre de compasión y convicción, le pidió a Dios que lo guiara mientras hablaba con Clark, quien iba a ser ejecutado al día siguiente. El Pastor Mike no estaba preparado para lo que encontró.

Clark, emanando paz, simplemente le preguntó: "¿Qué quieres que le diga a Jesús cuando lo vea mañana?" El juez y el jurado habían correctamente pronunciado un veredicto de culpable. Sin embargo, su Padre Celestial dio un veredicto bastante distinto al que había recibido en el tribunal.

La palabra "juzgar", tal como se usa en el diccionario (y en la Biblia, tanto la versión griega como la hebrea) es un término neutral. Analiza estos sinónimos y definiciones: "someterse a un juicio; procesar; determinar o pronunciar un veredicto después de una indagatoria o deliberación[1]; emitir una sentencia; vindicar o sancionar; gobernar, regir; condenar, contender; ejecutar un juicio[2]; distinguir correctamente, es decir, decidir (mental o judicialmente); por medio de nuestras conclusiones enjuiciar, condenar, sancionar, vengar, concluir, maldecir, decretar, considerar, juzgar, acudir a la ley (demandar), ordenar, poner en tela de juicio, sentenciar, pensar"[3].

En la Biblia, no existen dos palabras diferentes que distinguen a un juicio apropiado de un juicio pecaminoso que cause grandes daños. Indudablemente, hay casos en que ocupamos un rol o una posición para juzgar, y esa acción es la apropiada. Pero, generalmente, no ocupamos ese rol. Nos formamos opiniones, que luego devienen en juicios con consecuencias perjudiciales. Juzgamos a las personas en nuestras mentes, las maldecimos en nuestros espíritus y las sentenciamos de acuerdo a nuestro criterio. Creemos que simplemente son opiniones, pero en realidad ligamos nuestros pensamientos a sentencias o condenas, e incluso al deseo de venganza o castigo.

> *Creemos que simplemente son opiniones, pero en realidad ligamos nuestros pensamientos a sentencias o condenas, e incluso al deseo de venganza o castigo.*

Dios continúa rompiéndome el corazón cuando me revela la verdad sobre este problema de los juicios en la vida de los cristianos. Yo lo veo como algo desenfrenado, invasivo y devastador para el cuerpo de Cristo. Me abruman los efectos desastrosos que tienen esos juicios. Oro para que recibas esta enseñanza desde el corazón de Dios.

Identificar el juzgamiento

¿Cuándo cruzamos la línea entre discernir u opinar y emitir juicios? Creo que juzgamos mucho más frecuentemente de lo que creemos. No puedo decirte exactamente dónde está esa línea en tu caso, pero yo le he pedido a Dios que me de convicción como corresponde.

¿Cómo nos damos cuenta de que estamos juzgando? En general, un indicador de que estamos cruzando la línea es cuando le agregamos emociones a nuestra opinión. Muchas veces hacemos esto porque tenemos intereses y necesidades personales. Nos frustramos con los demás porque queremos o necesitamos que sean diferentes, por eso cuando no actúan según nuestros deseos o preferencias, los juzgamos. Normalmente creemos algo negativo sobre una persona cuando hemos sido lastimados por ella. A veces, en medio de una situación desagradable, juzgamos a esa persona por ser la causa de nuestra dificultad.

Lo que es válido para el perdón, también lo es para el juzgamiento. Los hechos no cambian, pero nuestras emociones sí. ¿Qué emociones están ligadas a tu *opinión*? Eso es verdaderamente un asunto del corazón. Cuando te formes una opinión, pregúntale a Dios: "¿Me estoy formando esta opinión de acuerdo a lo que dicta Tu corazón?" Jesús nunca hizo nada que su Padre no haría, ni dijo nada que su Padre no diría[4]. Por eso, sigamos este modelo y aceptemos únicamente aquello que Dios, desde Su amor, Su misericordia y Su gracia, imparte en nuestro espíritu que digamos y creamos de las demás personas. Entonces, no estaremos enojados ni consternados, sino que viviremos con amor y paz.

El costo de nuestro juzgamiento

Mi corazón está sobrecargado por el gran costo que tienen nuestros juicios. En realidad, creamos lo que juzgamos. Ya hemos explorado nuestra composición como cuerpo, alma y espíritu. Sabemos que nuestro hombre espiritual es realmente bueno. Somos buenas personas y eso es lo que Dios ve en nosotros. Sin embargo, hay momentos en los que no podemos ver a *los demás* como lo hace Dios.

¿Qué sucede cuando una persona, declarada buena por Dios, peca o hace algo mal? Supongamos que esa persona miente. Esa mentira proviene de su carne, de una fortaleza o de una espina de la que aún no pudo despojarse. No le decimos a esa persona que ha mentido, sino que la llamamos mentirosa.

Cuando una persona mata a alguien, no le decimos que ha matado, sino que la llamamos asesina. Observamos lo que la gente ha hecho desde la carne y declaramos que eso proviene del espíritu: "**¡Eso es lo que eres!**

Eres un mentiroso. Eres un asesino. Eres un ladrón. Eres un hipócrita". Afirmamos que lo que han hecho *proviene de lo que* **son**. Pero eso *no* representa aquello para lo que Dios los creó, ni tampoco es lo que Dios dice que son.

...creamos lo que juzgamos.

No sólo decimos que sabemos de dónde provienen esas acciones (del espíritu y de la identidad), sino que también **las convertimos en realidad.** Fuimos creados a imagen de Dios, y nuestras palabras tienen poder de creación. Le conferimos autoridad al ámbito espiritual de forma muy negativa cuando juzgamos o acusamos al espíritu de otra persona. Hacemos realidad aquello que juzgamos en la vida de otra persona. ¡Cómo nos atrevemos a hacer semejante cosa!

Se supone que debemos mirar a las personas y, con toda la gracia y la misericordia de Dios, convocar en ellas aquello para lo que fueron creadas. No se espera que juzguemos con nuestros corazones, pensamientos y palabras, porque al hacerlo creamos más cadenas con nuestras maldiciones. Cómo nos atrevemos a crear de manera opuesta al modo en que Dios crea y sigue creando. Ese es el costo enorme de nuestros juicios.

Me he reusado a llamar a mis hijos por sus acciones, actitudes y conductas, (¡en especial durante su adolescencia!). En cambio, he declarado su verdadera naturaleza y destino. Me he referido a ellos de acuerdo al modo en que Dios los creó. Las debilidades normalmente son la contracara de las fortalezas. Por ejemplo, puedes declarar concentración y perseverancia cuando ves terquedad, la pasión cuando ves rabia o insensibilidad, un corazón tierno y la compasión de Dios en aquellos que se ofenden fácilmente.

Principios espirituales/Consecuencias del juzgamiento

1) Serás juzgado.

> *No juzguen a nadie, para que nadie los juzgue a ustedes. Porque tal como juzguen se les juzgará, y con la medida que midan a otros, se les medirá a ustedes.*
> *(Mateo 7:1-2)*

¡Eso al menos debe motivar a las personas egocéntricas a no juzgar! Eso sucedió en mi caso. Este fue uno de los primeros principios de sanación que aprendí. La profesora formuló la pregunta: ¿A veces se sienten juzgados? ¡Contesté con un sí rotundo! La solución propuesta fue: "Pregúntale a Dios a quiénes has juzgado". Cosechamos lo que sembramos. "Para cada acción hay una reacción igual y opuesta" dice el principio de la física. Esa ley se aplica también al mundo espiritual. Juzga y serás juzgado.

2) Afrontaremos ese problema nuevamente en nuestras vidas.

> *No juzguen, y no se les juzgará. No condenen, y no se les condenará. Perdonen, y se les perdonará. Den, y se les dará: se les echará en el regazo una medida llena, apretada, sacudida y desbordante. Porque con la medida que midan a otros, se les medirá a ustedes. (Lucas 6:37-38)*

Lucas dice algo similar a Mateo, pero además le agrega la parte del versículo que normalmente asociamos al hecho de dar. Indudablemente todos estaríamos de acuerdo con este mensaje: "¡Vierte abundantes bendiciones sobre mi regazo porque yo di mi ofrenda!" Pero resulta interesante que esta confirmación de reciprocidad viene después de un versículo que habla de **juzgar**. ¡No quiero acumular una catarata de juicios en mi regazo!

José había crecido en una dinámica familiar disfuncional al ser criado por padres que siempre estaban en conflicto. Había padecido algunas experiencias decepcionantes en su adolescencia, cuando su entrenador lo ridiculizaba por tener un mal desempeño y lo obligaba a quedarse sentado en el banco durante muchos partidos. Comenzó a ser irrespetuoso con sus padres y otras autoridades. Se reservaba el respeto para quienes se lo merecían (según su opinión). Sin embargo, esos casos eran poco frecuentes. Recurría constantemente al respeto como un estímulo para su identidad, pero en las relaciones y el empleo, nada de eso ocurría.

Cuando las cosas no salían como esperaba, siempre culpaba a quienes lo excluían, criticaban y le faltaban el respeto de alguna manera. El progreso lo evadía y vivía preocupado siempre por los malos resultados de su situación laboral. Nada de eso cambió, hasta que comprendió este principio y admitió su parte en esa dinámica negativa.

3) Comenzaremos a parecernos a la persona que juzgamos.

> *Por tanto, no tienes excusa tú, quienquiera que seas, cuando juzgas a los demás, pues al juzgar a otros te condenas a ti mismo, ya que practicas las mismas cosas.*
> *(Romanos 2:1)*

Un día, viajaba como pasajera de un auto que transitaba por la interestatal. En un momento, otro auto se cruzó a nuestra mano de la carretera. Aunque no nos cerró el paso, sí pasó en una línea blanca continua. El conductor del auto en el que viajaba comenzó a protestar enfáticamente: "No puedo creerlo. ¿Vio eso? ¡Ese hombre cruzó en una línea blanca continua! No dije nada, pero pensé para mis adentros: *"Vaya, eso me suena a un juicio"*. Después de dos minutos, ¡fue el conductor de mi auto quien cruzó la línea blanca continua! Me rasqué la cabeza y pensé: *"¡Eso se parece mucho a Romanos!"* (Ver Romanos 2:1, más arriba).

Esa historia puede parecer un ejemplo trivial pero ¿cuántas veces al día juzgamos de esa forma? Si solemos juzgar sobre un tema tan banal como el tráfico, ¿cuánto más somos capaces de juzgar en cuestiones más importantes? ¿Qué sembramos constantemente en el espíritu? Tenemos una doble moral. ¡Acusamos a los demás cuando primero debemos sacarnos la astilla de nuestros propios ojos![5]

A menudo vemos a los principios dos y tres (mencionados anteriormente) combinados en los matrimonios y relaciones familiares. En mi caso, yo siempre juzgaba a mi padre. La Biblia dice que comenzaremos a parecernos a las personas a quienes juzgamos (principio tres, mencionado anteriormente). Yo odiaba a mi padre, lo que hizo y la forma en que me trataba. Conectaba esas emociones a los hechos que ocurrieron durante mi niñez. Lo sentencié en mi corazón. Mi padre era alcohólico, agresivo y hasta llegaba a maltratarme. No me daba lo que yo pensaba que debía darme. ¿Entonces a quién crees que comencé a parecerme? A mi padre.

Cuando tenía dieciocho años, estaba camino a convertirme en alcohólica. Gracias a Dios, me convertí en cristiana, y mi situación cambió. En el campo misionero, estaba a punto de convertirme en una madre abusiva. Era rabiosa y crítica, introvertida, introspectiva e infeliz. Era exactamente como mi padre. Necesitaba ser sanada. Debía destruir mi juicio en su contra.

El principio dos anterior declara que padecemos el mismo problema nuevamente en nuestras vidas. Yo juzgaba a mi madre. ¿En qué estuvo pensando todos esos años, en los que soportaba mi padre y limitaba los cuidados y la protección que me brindaba? Entonces, ¿con quién me casé yo? Me casé con alguien que era pasivo, crítico, mezquino, que se protegía a sí mismo y renunciaba a su responsabilidad: me casé con mi madre. Una relación quizás parezca perfecta durante el cortejo, pero después de casados, ¡el principio dos entra en juego y la perspectiva puede no ser muy favorable!

Tanto Gary como yo experimentamos este principio en el área de las finanzas por juzgar a nuestros padres en ese aspecto. Juzgamos a nuestros padres por la forma en que mal administraban el dinero y padecimos esa misma falta en nuestras vidas. Yo me quejaba porque de niña nunca me compraban ropa nueva y juzgué a mi padre por gastarse el dinero en cigarros y bebidas. Hasta que no dejamos de emitir juicios sobre nuestros padres, nuestras finanzas estuvieron estancadas. Después de quebrantar esos juicios, se nos abrió el cielo. Habíamos estado cosechando las consecuencias de los juicios que habíamos emitido antes, juicios que ni siquiera eran conscientes. Es imperativo que analicemos nuestras circunstancias negativas con Dios para poder comprender nuestro comportamiento y conocer la raíz de nuestros actuales problemas.

4) Ocupamos el lugar de Dios.

> *¿Quién eres tú para juzgar al siervo de otro? Que se mantenga en pie, o que caiga, es asunto de su propio señor. Y se mantendrá en pie, porque el Señor tiene poder para sostenerlo. (Romanos 14:4)*

¿Tú quién eres? Es para su propio señor que los criados están en pie o caen. Y Dios es capaz de hacerlos quedarse de pie. Dios está A FAVOR de las personas a quienes tú juzgas. Él desea que permanezcan de pie. Impedimos el trabajo de Dios en la vida de otro si nos posicionamos *en el medio* como jueces y jurados. No es allí donde debemos estar. Cuando queremos reemplazar a Dios, ocupamos ese lugar desde el cual Él obra e imposibilitamos Su intervención.

Mientras estaba intentando *ayudar a mi esposo a mejorar* para que llegara a ser perfecto, Dios me corrigió y me dijo que Él era un Espíritu Santo mucho mejor que yo. Todo ese tiempo había estado impidiendo que Dios haga su trabajo hasta que me corrí del medio. Gary cambió cuando yo oré y permití que Dios interviniera en lugar de entrometerme e interponerme en su camino.

En una oportunidad, Dios verdaderamente me llamó la atención al recordarme el versículo de la Biblia que dice: "¿Quién eres tú para juzgar al siervo de otro?" (Romanos 14:4). Cuando fuimos misioneros en España, seis u ocho de nosotros solíamos orar juntos todas las semanas. Recuerdo que muchas veces pensaba *"Uf, no me gusta cómo ora Sandy"*. Hoy, ya no me acuerdo si en ese momento creía que su oración era muy corta o muy larga. Quizás hacía mucha o poca mención de las Sagradas Escrituras. No sé qué era lo que me fastidiaba en ese momento, o cuál era mi criterio, pero claramente ella no lo cumplía.

Un día, se unió a nuestro grupo un invitado. Cuando terminamos de orar, esta persona le dijo a Sandy: "¡Vaya, tu oración me ministró! Dios usó tu oración para satisfacer una necesidad en mi vida. ¡Lo que dijiste fue perfecto, era como si Dios me estuviera hablando!" ¿No crees que me sentí reprendida? Dios dijo: "Ella es mi sierva y puedo hacerla estar de pie. ¡No te metas con mi sierva!" ¿Acaso no nos metemos con los siervos de Dios cuando creemos que están equivocados o no son lo suficientemente buenos? No ocupemos el lugar de Dios.

Dios está a FAVOR de las personas a quienes tú juzgas.

Ocupamos el lugar de Dios como jueces y jurados cuando condenamos a las personas y a los grupos de gente. Juan nos transmite las palabras de Jesús, que dicen que a quienes perdonen los pecados, éstos les son perdonados; a quienes retengan los pecados, éstos les son retenidos[6]". Creo que esto da muestra de la gran autoridad que tenemos en la tierra y de cuánto podemos afectar a las personas y a los hechos. No creo que Jesús nos haya enseñado o alentado a *no* perdonar los pecados.

¿Cuántas veces queremos clamar por el juicio de Dios sobre un pecado particular? Pensemos, por ejemplo, en la homosexualidad o el aborto. ¿Dios no desea que todos seamos salvos[7]? ¿Quiénes somos nosotros para ocupar Su lugar y clamar que se juzgue o condene a un grupo de gente?

No estoy diciendo que no debemos estar en contra del pecado. La Biblia expresa claramente a qué debemos llamar pecado y cómo debemos oponernos a ello. Sin embargo, eso no nos da el derecho de juzgar a las *personas* que pecan.

¿Quién es perfecto? ¿Quién de nosotros puede arrojar la primera piedra para condenar a otra persona? ¡Nadie! Pero nos resulta demasiado fácil juzgar a otros o tener un pensamiento crítico. Debemos detener esos pensamientos de inmediato. Hay que odiar el mal y no consentirlo, pero sin condenar a las personas. Quizás nosotros, como cristianos aparentemente justos, somos los que provocamos el juicio de Dios. Al igual que con el perdón, debemos separar al pecado de la persona.

5) Hay un proceso evolutivo hacia un corazón huérfano. Los juicios cortan nuestra herencia.

> *Honra a tu padre y a tu madre, como el Señor tu Dios te lo ha ordenado, para que disfrutes de una larga vida y te vaya bien en la tierra que te da el Señor tu Dios.*
> *(Deuteronomio 5:16)*

Cuando juzgamos a nuestros padres en cualquier área de la vida, los deshonramos. Entonces, esos aspectos que criticamos de ellos no tomarán un buen rumbo en nuestras propias vidas.

En su libro *"From Spiritual Slavery to Spiritual Sonship"* (*"Desde la Esclavitud Espiritual hacia la Filiación Espiritual"*), Jack Frost nos muestra un proceso donde vamos convirtiendo progresivamente en ser huérfanos espirituales[8]. Cuando comenzamos a concentrarnos en las fallas de la autoridad paternal, iniciamos el recorrido descendente que nos lleva a tener un corazón huérfano. Recibimos los errores y malas acciones de nuestros padres como decepciones y heridas. Y esto, a su vez, nos lleva a cerrar nuestros espíritus. Sellamos nuestros corazones a nuestros padres y la situación se va empeorando cada vez más hasta que terminamos viviendo como huérfanos.

¿No sientes a veces que los cielos son "impenetrables como de bronce" y que no puedes alcanzar ese nivel de intimidad con Dios que deseas? Pregúntale a Dios a quiénes haz juzgado. ¿Haz juzgado a tus padres? ¿A quiénes les hemos cerrado nuestros corazones para no recibir nada de ellos? Cuando cerramos nuestros corazones a otras personas, en especial a aquellas que tienen autoridad ante nosotros, también le cerramos nuestros corazones a Dios. Dios coloca a esas autoridades en sus lugares y posiciones, ya sea que son perfectos o no. Alejamos nuestra herencia cuando no los honramos. Juzgar es negarnos a honrar (y viceversa).

Me sorprendió la cantidad de virtudes que las personas mencionaron sobre mi padre en su funeral y que yo desconocía. No fueron mis juicios lo único que me impidieron conocer esas virtudes. También entraba en juego otra dinámica. Había ciertas cosas que él no podía brindar. Les daba cosas buenas a sus alumnos y colegas que era incapaz de darle a su familia. Sin embargo, hubo muchas virtudes que yo no pude ver o recibir porque había cerrado mi corazón. Aunque otros sí podían verlas y recibirlas, yo realmente me sorprendí cuando escuché hablar de todas aquellas cosas buenas sobre mi padre en su funeral.

Después de renunciar a emitir juicios contra mi padre, recibí mi herencia espiritual de su parte. Mi padre era un buen hombre, leal, fiel y de buen corazón. Era además ético, trabajador y sincero, inteligente y considerado. Era un buen hombre, y ahora he recibido todas esas cualidades como mi herencia espiritual. Los hechos de mi niñez no cambiaron, pero mis emociones ya no estaban ligadas a ellos en mi juicio. Ahora puedo ver los hechos, como su problema con el alcoholismo, sin odio y tengo el corazón lleno de amor por el hombre que verdaderamente fue mi padre.

Un día, recibimos en la iglesia a un talentoso hombre de Dios como predicador invitado. Él conectaba a los oyentes con Dios mientras los guiaba hacia Su presencia. Sin embargo, en esa oportunidad admitió que había lastimado y ofendido a una persona cercana, y que no se trató de un hecho aislado. (Más adelante, leí sobre eso en un libro que escribió). ¡Consideré esa ofensa como algo personal, aunque no había sido destinada a mí! Lo juzgué, dije que estaba equivocado y, peor aún, determiné de algún modo que no había logrado un cambio verdadero.

Cuando este hombre volvió un tiempo después a la iglesia para predicar, el silencio de Dios hacia mí era ensordecedor. No pude escuchar nada proveniente del Señor mediante este predicador hasta que renuncié a mi juicio, detuve mis pensamientos negativos sobre él y dejé de sentenciarlo en mi corazón. Creo que mis pensamientos son arrogantes y pecaminosos. Comparto esto porque sé que no estoy sola. Debemos hacernos responsables de cada uno de nuestros pensamientos.

6) Corrompemos a muchos.

> *Asegúrense de que nadie deje de alcanzar la gracia de Dios; de que ninguna raíz amarga brote y cause dificultades y corrompa a muchos. (Hebreos 12:15)*

Esta raíz normalmente se denomina la raíz amarga del juzgamiento. Ya analizamos la enfermedad autoinmune anteriormente, y dijimos que si te odias a ti mismo, haces que tu propio cuerpo se enferme. Me aflige enormemente el hecho de que hagamos enfermar al cuerpo de Cristo y padezcamos enfermedades porque no nos honramos los unos a los otros. ¿Cómo podemos creernos tan superiores y molestarnos tan fácilmente? No dejamos de murmurar de los demás ni de competir. No dejamos de buscar y encontrar errores en los demás. Nos cuesta aceptar lo diferente simplemente porque no vemos las cosas del modo que otros pueden verlas. Terminamos, en esencia, vomitando sobre la esposa de Cristo.

Dios dice que vendrá en busca de una esposa inmaculada y eso es lo que seremos. ¿Estamos quizás posponiendo la venida de Cristo por estar corrompiendo a Su esposa con nuestros juicios? La forma en que a veces tratamos a los demás simplemente no refleja el corazón de Dios. Nos corrompemos unos a otros, y así impedimos que la iglesia reciba la presencia de Dios en su totalidad. Por lo tanto, no podemos representarlo adecuadamente ante una ciudad, una nación o un mundo que lo necesiten. Temo que si seguimos sembrando semillas de amargura y juzgamiento, cosechemos todo un árbol de fruta podrida.

7) Nuestros juicios se convierten en juramentos y maldiciones.

> *Con la lengua bendecimos a nuestro Señor y Padre, y con ella maldecimos a las personas, creadas a imagen de Dios. De una misma boca salen bendición y maldición. Hermanos míos, **esto no debe ser así**. (Santiago 3:9-10, énfasis agregado)*

Cuando juzgamos, nos alineamos al acusador de nuestros hermanos.

Le permitimos a Satanás usar nuestras bocas para maldecir a otros. ¡*Esto no debe ser así*!

> *Dios dice que vendrá en busca de una esposa inmaculada y eso es lo que seremos. ¿Estamos quizás posponiendo la venida de Cristo por estar corrompiendo a Su esposa con nuestros juicios?*

No sólo maldecimos a los demás, sino que además nuestros juicios pueden convertirse en juramentos. Un juramento o voto es una promesa solemne, una garantía, un compromiso personal que **vincula** a una persona a un acto, servicio o condición[9]. Hay momentos en que los juramentos son apropiados. En nuestras relaciones de compromiso, con Dios y en el matrimonio, hacemos bien en asumir obligaciones. Pero en todos los demás casos, se nos advierte que nos abstengamos de emitir juramentos y digamos simplemente sí o no[10].

Debemos ser cuidadosos con cada palabra. Cuando realizamos un juramento profano, celebramos un pacto o acuerdo con Satanás. Elegimos estar bajo la ley, sometiéndonos a la esclavitud. Le otorgamos poder a nuestro enemigo para actuar de acuerdo a ese juramento y traernos una maldición.

¿Alguna vez has dicho "nunca seré como esa persona"? Arrepiéntete y anula ese juramento porque les has conferido poder al enemigo para actuar de una forma muy negativa en tu vida. O serás como esa persona en algún aspecto o encontrarás a alguien con características similares en tu vida (lo que te traerá problemas).

Es posible que hayas dicho "nunca seré un alcohólico". Lo cierto es que puedes ser hijo de un alcohólico y nunca tocar una gota de alcohol, pero eso no quiere decir que no hayas cosechado las maldiciones y consecuencias de tu juramento. Tendrás otro tipo de adicción, o serás un "adicto" en otros aspectos—incluso en algo que suene mejor, como "adicto al trabajo". Cosecharás la maldición en tu vida porque celebraste un pacto profano con el enemigo.

Indicadores de juzgamiento

Hay algunas oraciones que indican que posiblemente hemos juzgado:

- Yo nunca_____.

Como parte del proceso de ministración, le pidieron a Sam que hiciera una lista con las personas a quienes había juzgado. No se le ocurría nadie. Entonces le formularon otra pregunta: "¿alguna vez has dicho 'yo nunca'?" "Oh, claro que sí", respondió. "Yo nunca haría eso o sería como…" Su lista se ampliaba cada vez más. Cuando dices "yo nunca", normalmente estás juzgando lo que la otra persona ha elegido o se le ha indicado hacer. Es como una especie de condenación sobre sus elecciones cuando, en realidad, esas elecciones no son de tu incumbencia.

Si proteges a tu corazón, quizás admitas que nunca serás guiado a hacer lo que otra persona hace, pero sigues teniendo la responsabilidad de bendecirla aunque sean diferentes. Cuando íbamos a ser misioneros en España, desde la organización de nuestra misión nos preguntaron si alguna vez enviaríamos a nuestros hijos a un internado. Mi respuesta fue: "No, jamás lo haríamos". De todas las formas en que Dios me había creado y guiado individualmente, la idea de mandarles fuera del hogar fue totalmente opuesta a lo que era (y soy). Se nos informó que un requisito de esa organización era que estuviéramos dispuestos a enviar a nuestros hijos a un internado. Mi respuesta fue que nunca desobedecería a Dios. Aunque fuera necesario que Dios me golpeara la cabeza con un garrote para hacerme entender que esa realmente era Su voluntad, indudablemente le obedecería. Siempre tuve un corazón obediente con Dios y con la organización de nuestra misión.

Enviar a nuestros hijos al internado terminó siendo irrelevante porque en realidad nunca fue necesario. En España tuvimos opciones educativas satisfactorias a nivel local. Hubo, sin embargo, cristianos devotos dentro de la organización que sí enviaron a sus hijos a un internado. Pero nunca podría juzgarlos por eso. Para mi familia, no era lo mejor. Sin embargo, muchos otros sí lo hicieron, incluso a costa de un enorme sacrificio personal. ¿Quién soy yo para decir que están equivocados? No los juzgo ni digo que son inferiores a otros o que se equivocaron. Los bendigo y no me formaré una opinión con respecto a lo que hicieron. Sólo conozco lo que es correcto para mí. No me formaré una opinión para el resto de la humanidad. Dejaré que Dios sea Dios en sus vidas.

- _____no está bien/está mal.

¿Alguna vez dijiste: "eso no está bien; eso está mal"?

A menudo vemos las cosas desde nuestra propia perspectiva: "así es como me criaron", "esta es la cultura en la que vivo" o "eso es lo que considero aceptable". Está bien que vivamos nuestra vida según nuestra experiencia, pero jamás mires a otra persona y digas que sus elecciones son inaceptables simplemente porque son distintas a las tuyas. Cuando pensamos que somos piadosos, nos aferramos a muchas concepciones religiosas absolutas cuando en realidad, nuestros juicios provienen de la carne y vivimos según la ley. Necesitamos darles a los demás la gracia para que sean diferentes y permitir que Dios se encargue de ellos si pecaron.

Cuando entré al ministerio por primera vez, escuché que alguien dijo: "Si te estás preparando para dar el mensaje y destinarle tiempo a la Palabra, esos momentos no cuentan como tu devocional". ¿No cuentan como mi devocional? ¿Quién se atreve a entrometerse en mi tiempo con Dios y concederle un determinado valor? Indudablemente, esa persona tenía una opinión personal formada: "Dios dice que esta es la forma de hacer una devocional...". ¿Pero esa persona debía forzar a los demás a vivir de acuerdo a sus reglas diciendo "no está bien hacerlo de ese modo"? ¿Por qué no? ¿No puede alguien ser distinto? ¿Jesús no dijo algo sobre hacer que una persona sea dos veces más un hijo del infierno[11]? Recuerda, debemos vivir desde y por nuestra relación, no desde las reglas. No intentemos controlar las elecciones y conductas de los demás.

- Debería/no debería

No debería manejar a tanta velocidad. No debería pasar tiempo de esa forma. No debería comer tanto helado. No debería gastar dinero en eso.

Muchas veces, cuando hablamos de lo que deben o no deben hacer los demás, eso marca que tenemos una necesidad. Cuando una persona no satisface nuestra necesidad, le adjudicamos una sentencia a sus decisiones. Luego invadimos su mente, deseos y emociones, y comenzamos a decirle qué debe o no debe hacer. Eso es incorrecto y sentencioso. Yo no me atrevo a violar los límites y las elecciones de una persona. Está bien compartir mis convicciones personales—e incluso lo que entiendo sobre la Palabra de Dios o mi sabiduría—pero estoy juzgando si siento que debo imponer mis formas a todas las personas y, en esencia, demandarles que se sometan a ellas.

- Eso es_____ (inserta una valoración negativa como: desagradable, estúpido, horrible, mortificante u otra).

- No puedo creer que_____. Luego atacamos las elecciones en torno al estilo de vida de las personas ("No puedo creer que tenga tantos hijos". "No puedo creer que no tengan hijos. ¿Qué están esperando?" "No puedo creer que vivan en una casa tan grande". "No puedo creer que vivan en una casa tan pequeña". "No puedo creer que le guste esa música". "No puedo creer que se ponga ese vestido"). Adoptamos nuestros propios valores y los convertimos en *estándares*. ¿Quién te puso (o me puso) en la posición de Dios?

Recuerdo que una vez vi un video en el que se veía a una madre azotando a su hijo en el asiento trasero de la camioneta. Todo el mundo se puso furioso (y eso era comprensible). No defendería jamás el maltrato infantil. Debemos adoptar una postura determinada ante ello. Sin embargo, mientras todos vociferaban y hablaban pestes del maltrato infantil, no escuché a nadie preguntar: "¿Qué sucede con la madre? ¿Qué es lo que ella necesita?"

Yo había estado en su lugar, cuando le grité a mi familia en público (¡aunque al menos nadie me filmó!). Pero estaba destruida y desamparada. ¿Dónde están las personas que dejarán de juzgar y le pedirán a Dios que se acerque a quienes actúan inadecuadamente para decirles que no pierdan las esperanzas, que pueden recibir ayuda? ¿No podemos tenderles la mano en lo que necesiten en lugar de condenarlos por sus acciones?

Adoptamos nuestros propios valores y los convertimos en estándares. ¿Quién te puso (o me puso) en la posición de Dios?

Por cierto, hay cuestiones que son blancos o negros y se consideran objetivamente un pecado. Pero nuestra reacción emocional hacia las personas involucradas en dichos pecados se revelará como una simple valoración o como un juicio con carga emocional. Por ejemplo, la Biblia nos enseña que cuando nos enfadamos, no debemos pecar[12]. Como cristianos, podemos reconocer claramente que el aborto es un pecado. Pero la emoción que le pones a tus iniciativas de defensa a la vida puede revelar una pasión otorgada por Dios o un juicio que tú mismo has emitido.

Muy a menudo nuestras causas son simplemente una forma de canalizar toda nuestra ira no resuelta. Juzgamos en vez de amar. Condenamos en vez de apoyar. Algunas personas tienen tanta ira en sus almas que necesitan una causa para justificar sus vociferaciones y desvaríos. Esas personas condenan. Están en contra y no a favor. No dejan sus cargas en su cuarto de oración. Otras personas, en cambio, pueden ver claramente el peso que cargan porque el rencor fluye de ellas en lugar del amor y de la presencia de Dios. Aparentar trabajar por el bien puede ser una máscara del juzgamiento. Si puedo enojarme excesivamente pero no observo mi corazón para examinar los motivos, es posible que no sepa reconocer esa ira porque he juzgado.

- Debe cambiar o me voy a sentir molesto hasta que lo haga.

Nos creemos que tenemos el derecho de irritarnos con *cualquier persona*. Miramos a nuestro cónyuge, jefe, colega, a otras personas que van a la iglesia, y seguimos juzgándolos hasta que cambian. ¿No será que siempre queremos que cambien por nuestra propia conveniencia—para que la vida sea más agradable y tranquila para nosotros mismos?

Los conductores de Houston me incitaban a emitir juicios y creía que conduciría alterada para siempre (¡dudando que fueran a cambiar!). Pero Dios me condenó por mi juicio, por aferrarme a mis derechos y conferirle poder al enemigo. Ahora, cuando alguien me pisa los talones o me cierra el paso, yo los bendigo. Le pido a Dios que satisfaga sus necesidades. Quizás alguien que aman está en el hospital y necesitan llegar allí urgente. ¿Por qué creo que tengo el derecho de tener la autopista a mi disposición, conducir a la velocidad que quiera o llegar a un lugar cuando lo deseo? Ya no lo creo. Quizás recibieron una muy mala noticia y por eso están distraídos y hacen daño. ¡Que Dios los bendiga! Están conduciendo bastante mal hoy, por eso protégelos a ellos y a todas las personas que los rodean. Eso es mejor que lo que solía decir: "Ojalá se destrocen—seguro se lo merecen". A medida que aprendamos a bendecir y no juzgar, iremos cambiando nuestro entorno.

Fomentaremos más el cambio si nos deshacemos de la expectativa de que esas personas van a cambiar. Si nuestro verdadero objetivo es que ellos cambien, nos veremos cercados por nuestra irritación y juzgamiento, así como también por la derrota y desesperanza. En las relaciones familiares, particularmente entre cónyuges, podemos irritarnos con suma facilidad. Es el mismo problema todo el tiempo. Intentamos perdonar una y otra vez, pero nos cansamos y nos desanimamos. El problema reside en que estamos observando las cosas únicamente desde nuestra perspectiva y para nuestro propio bienestar. Mientras las personas están atravesando el proceso, debemos preguntarle a Dios: "¿Qué rol puedo ocupar para ellos?" en lugar de "¿Cuándo van a cambiar para mí?"

> *A medida que aprendamos a bendecir y no juzgar, iremos cambiando nuestro entorno... Mientras las personas están atravesando el proceso, debemos preguntarle a Dios: "¿Qué rol puedo ocupar para ellos?" en lugar de "¿Cuándo van a cambiar para mí?"*

- A estas alturas ya habrías pensado que _____ (habrías organizado bien, habrías cambiado, habrías sido más sensato).

Experiencias

Algunas de nuestras experiencias suelen demostrar que se han emitido juicios de valor:

- ¿Tienes un espíritu de discernimiento?

Tener un espíritu de discernimiento es algo muy bueno, pero si ejerces ese discernimiento eres más propenso a emitir juicios. Se espera que tengamos un espíritu de discernimiento hacia el cielo, no hacia la tierra. Somos llamados a orar e interceder, cuidar y afirmar. No se nos pide que usemos nuestro espíritu de discernimiento para juzgar, chismear, condenar.

- ¿Tienes áreas de disconformidad?

A veces la disconformidad es positiva porque demuestra que Dios nos está cambiando y haciéndonos pasar a otra área. Sin embargo, en ciertas ocasiones nos sentimos disconformes con la vida porque se nos está volviendo en contra como consecuencia de nuestro juzgamiento. Durante un período de mi vida, era capaz de encontrar errores en todas las personas y en cada situación. ¡Claramente, no estaba contenta! Dios me hizo beber mi propia medicina, lo que me permitió reconocer que si detecto problemas en todo y en todos, ¡el problema real debe estar proviniendo de mí!

- ¿Hay similitudes negativas entre tu cónyuge (o persona cercana a ti) y un padre o madre o una figura de autoridad?

Dios dio vuelta a mi forma de pensar la primera semana que trabajé en esta lección. Como dije anteriormente, en un momento miré a Gary y quise que fuera perfecto, por lo que intenté *ayudarlo* a que lo lograra. Pasó mucho tiempo desde entonces, y realmente ya he renunciado a mis demandas y expectativas en torno a su perfección. En esta temporada de nuestras vidas, él es realmente maravilloso y yo lo adoro.

Sin embargo, la semana en que preparé esta enseñanza por primera vez, escuché que Dios me dijo: "Escribe las áreas en que Gary aún no es perfecto". Aún tenía algunas (sonrisa), entonces las escribí. Luego Dios formuló una pregunta muy seria: "¿A quién has juzgado para tener a tu esposo bajo esclavitud?" Había juzgado a mis padres y eso afectó a *Gary* en esas mismas áreas (debido al principio de afrontar el problema nuevamente en nuestras vidas). Maldecimos a las personas con nuestros juicios, y los mantenemos a ellos y a otros bajo esclavitud. Hacemos que les sea prácticamente imposible cambiar, porque les damos permiso a los poderes de tinieblas para que intervengan. Eso me rompió el corazón, por eso me arrepentí y renuncié a todos mis juicios.

- ¿Hay áreas en las que te sientes juzgado?

- ¿Hay áreas en las que no puedes salir adelante? (Actúas de las misma forma que siempre aunque no quieras. ¡Tienes las mismas decepciones, los mismos obstáculos y el mismo tipo de gente a tu alrededor que te saca de quicio!)

- ¿Tienes problemas duplicados o repetidos?

- ¿Una persona cercana a ti se comporta en oposición a su carácter natural?

Hace varios años, alguien me hizo una pregunta y yo respondí de forma realmente desagradable. La persona en cuestión no titubeó, pero yo quedé un tanto impresionada, pensando: *"¿Dios mío, de dónde provino eso? ¡Esa no soy yo! No me he comportado de esa forma desde hace un largo tiempo"*. Escuché que Dios me dijo: "Ella te juzgó". Yo había tenido una mala conducta hacía unos treinta años y esa persona me había esclavizado desde ese entonces hasta el momento en que nos cruzamos. Ella convocó a ese espíritu negativo en el ambiente y en nuestra relación, y yo reaccioné exactamente como su juicio lo había determinado. Me agarró desprevenida. Asimismo, sigo siendo responsable de mi reacción y tuve que arrepentirme y pedir perdón, pero había actuado en oposición a mi carácter natural.

Pasos hacia la libertad

- Pídele a Dios que te revele a quién has juzgado. (Puedes ser tú mismo).

¡Cuántas veces nos colocamos en el lugar de Dios! Queremos ser perfectos, al igual que Dios, entonces nos juzgamos a nosotros mismos por cada error y cada vez que no cumplimos algo. Recuerda, no debemos aceptar condenación ni condenarnos a nosotros mismos. (¡Sólo confiésalo y recibe el perdón!). Creo que perdonarme a mí misma es algo bíblico. Soy parte de ese "todos" a los que Dios nos exige perdonar[13]. No tengo el derecho de negarme el perdón, ni de mantenerme bajo esclavitud.

No era una nuera ejemplar para la madre de Gary al comienzo de nuestro matrimonio. Ella y yo teníamos una mala relación. Ahora, yo tengo dos nueras. Con una de ellas, no podía forjar ningún tipo de relación por mucho que me esforzara. Luego, recordé este principio: pídele a Dios que te revele a quiénes has juzgado. Era a *mí misma* a quien había juzgado unos años atrás por ser una mala nuera, por eso me libré de culpas y renuncié a ese juicio. Al cabo de una semana, esa nuera me llamó y ahora tenemos una excelente relación.

Dana había sido la cristiana más ferviente en su grupo juvenil. Años después, se sometió a un aborto cuando estaba en la universidad. Le pidió a Dios que la perdonara una y otra vez, pero nunca aceptó realmente el perdón del Señor ni pudo perdonarse a sí misma. En su desesperanza, comenzó a adoptar un estilo de vida claramente más pecaminoso, sintiendo que eso tendría más que ver con el modo en que ella creía ser de acuerdo a cómo se *juzgaba*. El tiempo pasó. Se casó, tuvo una familia y volvió a la iglesia. Dana intentaba redimirse al dedicarse por completo a sus hijos y al ser una madre ejemplar. Pero el éxito siempre parecía estar a la vuelta de la esquina, y una sensación de tristeza la acompañaba en todo momento. Extrañaba esa relación apasionada que había tenido con Dios de adolescente. Al mismo tiempo, sentía a su madre clamar desde su cuarto de oración.

Finalmente, el espíritu de Dana se iluminó. Dios no se había apartado por indignación. Él la había perdonado. Era *ella* quien interponía un muro mediante los juicios que emitía sobre sí misma. Fue maravilloso ver cómo la alegría regresaba a su vida y a su relación con Dios, cuando pudo perdonarse y quebrantar el acuerdo que tenía con sus juicios. La pesada manta que recaía sobre su vida pudo correrse, dando paso a la luz y transformando cada área de su vida.

- Pregúntale a Dios si estás recibiendo alguna recompensa que te aparte del deseo de arrepentirte de tus juicios.

Si eres la esposa de un alcohólico, vas a la iglesia y allí todos te dan una palmada en la espalda por tu resistencia y perseverancia, posiblemente estés recibiendo algo positivo de la adicción de tu esposo. Inconscientemente, quizás no quieras arrepentirte de juzgar a tu padre y a tu esposo porque no recibirías la misma afirmación si las cosas cambiaran.

Si nuestra identidad no está firmemente enraizada en quién es Jesús dentro nuestro, nos gustará que los demás sean menos perfectos que nosotros. Recibimos recompensas reconfortantes si mantenemos cerca a aquellas personas que son menos perfectas.

- Declara una oración para quebrantar los juicios (que se encuentra en la sección "Pasos hacia la victoria").

- Renuncia **en voz alta** a cada pensamiento prejuicioso que vaya surgiendo. No lo consideres ni lo ignores. ¡Declara que lo rechazas!

"Renunciar" significa "negarse a reconocer o someterse a algo; rechazar o repudiar; renunciar es declarar formalmente que estás dejando o abandonando algo, apartándote o desprendiéndote"[14].

Renunciar es declarar formalmente que estás dejando o abandonando algo, apartándote o desprendiéndote.

Muchas personas reconocen un juicio y dicen: "Yo no quiero juzgar"; pero luego ignoran el hecho de que **ya han juzgado**. No renuncian a ello y, por lo tanto, ese juicio sigue vigente en sus vidas, así como también en las vidas de aquellos a quienes han juzgado.

Pasos hacia la Victoria

❖ Pídele a Dios que te muestre a quiénes has juzgado y qué juicios específicos pensaste, sentiste o expresaste. Luego usa la oración que aparece a continuación para renunciar a tales juicios y darle lugar a la sanación.

❖ Lee los siguientes versículos: 1 Pedro 3:9, Romanos 12:21, Proverbios 26:2.

Como su deseo es que recibamos bendiciones en nuestras vidas, Dios nos instruye a que bendigamos y no maldigamos a los demás. Nuevamente, cosechamos lo que sembramos. Los juicios son como boomerangs. Lo que enviamos regresa a nosotros. En realidad, los juicios son maldiciones. Si juzgamos, les damos permiso a las maldiciones para que regresen a nuestras vidas. Por el contrario, si no les damos permiso—en especial si bendecimos—las maldiciones no encuentran una puerta de ingreso.

Es por eso que nos apropiamos del poder de la cruz. Cuando nos arrepentimos, visualizamos los juicios (en realidad, las maldiciones) que hemos tenido en nuestros corazones y los lanzamos mediante nuestras palabras. Los vemos detenerse en la cruz para que no lleguen a ninguna de las personas a quienes juzgamos. Y visualizamos cómo las consecuencias de nuestras maldiciones (que están regresando a nosotros) también se detienen en la cruz.

Además, detenemos ese ciclo al declararles nuestra bendición a aquellos a quienes hemos juzgado. Cuando liberamos la sanación para ellos (siempre existe un motivo por el que se comportan así), nos abrimos nosotros mismos a recibirla. A menudo, un motivo por el que juzgamos es porque nos han lastimado. Si te han lastimado y te costó mucho tiempo perdonar, es muy probable que eso se deba a que **tu juzgamiento te mantiene aferrado a la falta de perdón**. Renuncia a tus juicios y bendice a tu enemigo.

❖ Mientras observas a los demás, pídele a Dios que te ayude a verlos a través de Sus ojos. Debes estar dispuesto a encontrar qué aspectos puedes honrar, apoyar y bendecir.

ORACIÓN PARA RENUNCIAR A LOS JUICIOS

- Confieso mi pecado y te pido que me perdones, Señor, por juzgar a_____ al creer/sentir/decir que_____.
- Perdono a_____ por todos los "hechos" u ofensas que pudieron haber desencadenado mi juicio.
- Ya no estoy de acuerdo con este juicio. Lo aborrezco y renuncio a él. Anulo y retiro los derechos legales que le di al enemigo para llevar a cabo los efectos de este juicio.
- Te agradezco por la cruz y por la sangre derramada de Cristo. Tomo la cruz de Cristo y la coloco entre los juicios y _____ , y también entre los juicios y yo mismo.
- Libero al Espíritu Santo para que satisfaga las necesidades de ____ _____ que se encuentran en el núcleo de su actitud o conducta. Libero la sanación para esa persona.
- Recibo la sanación de ti.

Capítulo doce
LAS ATADURAS DEL ALMA

Katie era adolescente cuando el movimiento hippie alcanzó su máxima expresión. Se crió sin el conocimiento de las escrituras o la comprensión espiritual acerca de por qué el sexo fuera del matrimonio es incorrecto o perjudicial. Inició su vida sexual durante el secundario junto a un joven con el que había salido por tres años. Además, sus ancestros habían cometido pecados sexuales.

Para ser más precisa, su padre, que era entrenador de fútbol en el secundario, se enamoró de una estudiante. Si comprendiéramos la autoridad que le otorgamos a Satanás cuando pecamos, no nos sorprendería que, aunque desconocía la historia de su padre, Katie empezó a tener sentimientos por su profesor de softball cuando estaba en el secundario. Repetimos los pecados de nuestros ancestros si no somos conscientes y estamos atentos, y si no renunciamos a esos pecados.

Después de convertirse cuando era una adulta joven, Katie se casó y entró a una sólida familia cristiana. No experimentaba ningún efecto negativo de su pecado sexual del pasado. La fortaleza aparentaba haber desaparecido, pero lo cierto es que permanecía latente. El enemigo había decidido dejarla tranquila hasta que llegara el *momento oportuno*. Cuando su esposo falleció en un accidente vehicular, momento en que Katie sólo tenía treinta años, el momento oportuno llegó.

Las fortalezas del pecado sexual son como imanes. Si tienes una fortaleza sexual en tu vida y conoces a otra persona que también posee antecedes de pecado sexual, indudablemente habrá una atracción. Estos espíritus se encuentran. Katie se sentía desamparada, y eso la volvía más vulnerable a la tentación y al engaño del enemigo. Ella no sabía que su pastor, Steve, tenía antecedentes de pecado sexual con mujeres más jóvenes.

El enemigo le hablaba a Katie desde todos los frentes. Desde la carne, le gritaba: "Necesitas amor". Se hacía pasar por Dios y susurraba: "Puedes amarlo porque primero yo te amé a ti; estás compartiendo mi amor con él". Como el enemigo había recibido el permiso a través del pecado sexual anterior del que ella no se ocupó, Katie estaba desprotegida en esa área—la puerta estaba abierta. Ella la había abierto y era responsable de cerrarla, pero se sentía confundida y estaba siendo engañada.

Dialogó consigo misma y dijo: "El rol asignado por Dios para mi vida es satisfacer aquellas necesidades de Steve que su esposa no puede o no quiere satisfacer. Él es un hombre importante y su esposa no puede encargarse de todo. Mi responsabilidad es acompañarlo".

En medio de todo esto, Katie, al ser una mujer de Dios, seguía acudiendo a Dios en busca de mayor claridad. Pero la comunicación entre ella y Dios estaba distorsionada por su pecado, por su necesidad y por las fuerzas espirituales que entraban en juego. Aunque Dios claramente estaba diciendo que no, ella no podía escucharlo. Satanás le seguía diciendo que Steve era parte del cuerpo de Cristo y que no debía darle la espalda.

Cuando la relación se tornó definitivamente sexual, Katie despertó. Leyó el versículo: "Si tu mano te hace pecar, córtatela… Y si tu ojo te hace pecar, sácatelo".[1] (Marcos 9:43, 47). Katie decidió ponerle fin a la relación. Siguió aprendiendo los principios sobre cómo lidiar con las fortalezas y las ataduras del alma. Fue sanada y liberada. Steve, por otra parte, repitió su pecado, se divorció, dejó el ministerio y finalmente murió de cáncer.

Muchas veces nos preguntamos cómo eso puede suceder entre cristianos. Tengo dos respuestas: la depravación de nuestros días y la necesidad de liberarnos de nuestros pecados y de las fortalezas que surgen de ellos.

Es coherente que, debido a las leyes y los principios espirituales, el pecado sexual continúe hasta que cerremos las puertas que hemos abierto.

¿Te acuerdas de Marianne del Capítulo 9 sobre el perdón? Ella estaba realmente herida por el abuso sexual perpetrado por su padre cuando era una preadolescente, después de que sus padres se divorciaran. Su padre, Carl, era un cristiano comprometido, pero había cometido pecados sexuales en su pasado. El enemigo usó el divorcio de Carl como un momento *oportuno*, tentándolo a satisfacer sus necesidades mediante una conducta extremadamente nociva y pervertida.

A su vez, esto produjo resultados negativos y fortalezas en la vida de Marianne. Se volvió promiscua y creyó que era incapaz de cambiar esa conducta que consideraba pecaminosa. Estaba enojada y se sentía desamparada. Supuso que todo el pecado, hasta el acoso de su padre, era culpa suya, por lo que vivía bajo una sombra de condenación.

Creo que aunque nos carguemos toda la responsabilidad (y, por lo tanto, la condenación), hay algo profundo en nuestro inconsciente que nos dice que hemos sido violados, lo que a su vez nos produce ira. La forma en que su padre había tergiversado el corazón del Dios Padre también obstaculizó notablemente el camino espiritual de Marianne.

Con la ayuda del consejería, Marianne pudo conocer la verdad y evaluar las opciones que tenía. Entendió que su padre estaba equivocado y *lo perdonó*, en lugar de asumir toda la culpa. Además, comprendió que su padre no había sido liberado de su pecado anterior. Por lo tanto, lo que él hizo en cierto sentido fue lógico: como no había sido rescatado, siguió cometiendo aquel pecado sexual. Ella eligió no recriminárselo más. Se dio cuenta de cuáles eran los esquemas y las puertas de entrada con que contaba el enemigo. Esto le permitió cerrar las puertas que ella misma había abierto y liberarse para dejar de vivir en la amargura y en el reproche. Lo logró mediante la confesión y el arrepentimiento de su propio pecado, así como a través del perdón a su padre.

Fuimos creados para tener uniones y relaciones puras. Dios instituyó a la familia como el vehículo por el que transitan la herencia y la bendición.

Los padres y los hijos deben tener vínculos sanos. Los cónyuges deben asumir una relación de compromiso mutuo. Dios diseñó las relaciones sexuales para nuestro goce y también para la procreación.

Cosechamos problemas y maldiciones, en lugar de las anheladas bendiciones, cuando la disfuncionalidad y el pecado entran en escena. **Las ataduras profanas del alma se crean mediante las uniones o compromisos profanos con otra persona.** Son el resultado de las relaciones físicas, emocionales o espirituales enfermas o pecaminosas. En nuestras relaciones sexuales, nos vemos influenciados por nuestra cultura, por los pecados de nuestros ancestros, así como también por los deseos y lujurias personales.

Ataduras del alma como consecuencia de prácticas sexuales profanas

Las relaciones sexuales fueron diseñadas para disfrutarse dentro de los confines del matrimonio. "Por eso dejará el hombre a su padre y a su madre, y se unirá a su esposa, y los dos llegarán a ser un solo cuerpo" (Efesios 5:31). Siempre que se incumple este principio, se inicia el proceso de pecado sexual en una determinada línea familiar. Si uno de tus ancestros peca, la inmoralidad ejerce presión sobre ti para que peques, luego celebras un pacto y el ciclo continúa.

En la familia de Sam, hubo tres generaciones de hombres que, después de haber sido heridos profundamente por su *primer amor*, se fueron a vivir con mujeres sin casarse. Sylvia era una dulce mujer cristiana que se sintió devastada al enterarse que sus dos hijas se practicaron un aborto. Ella nunca había compartido *su* pecado secreto: ella misma pasó por la experiencia del aborto antes de ser salva. (Ya leíste las experiencias de Katie y Marianne).

Dios desea que tengamos relaciones monógamas dentro de los confines del matrimonio. Cuando una mujer experimenta el coito por primera vez, su himen se rompe, lo que crea un compromiso de sangre. Durante el coito, tanto los hombres como las mujeres liberan sustancias químicas. Dichas sustancias son adictivas por naturaleza, y promueven la creación de vínculos y una sensación de bienestar. Dentro del matrimonio, el coito sexual crea lazos divinos del alma.

En cada unión sexual física pecaminosa, se crea una atadura profana del alma a la que se debe renunciar. "¿No saben que el que se une a una prostituta se hace un solo cuerpo con ella? Pues la Escritura dice: 'Los dos llegarán a ser un solo cuerpo'" (1 Corintios 6:16). Es como si pegáramos dos trozos de papel con pegamento. Durante el coito, no sólo nos conectamos a nivel físico (y potencialmente nos contagiamos enfermedades), sino que además se crea una conexión que involucra nuestras almas y nuestros espíritus. En el sexo ilícito, hay una transferencia de espíritus demoníacos. Te conviertes en uno con la otra persona y recibes todo lo que sucede en su vida. Debemos renunciar y quebrantar las ataduras profanas del alma para liberarnos de los poderes de tinieblas que recibimos.

> *Las relaciones sexuales fueron diseñadas para disfrutarse dentro de los confines del matrimonio. "Por eso dejará el hombre a su padre y a su madre, y se unirá a su esposa, y los dos llegarán a ser un solo cuerpo" (Efesios 5:31).*

La depravación de nuestros días

Cuando afrontamos la depravación de la época en que vivimos, hacemos bien al evitar caer en dos errores. Uno de ellos es la conmoción. El otro es la aceptación. En Romanos 1, se nos advierte cuáles son las consecuencias de seguir nuestros propios deseos y recorrer el camino de nuestras propias elecciones. No creo que este pasaje de las Escrituras únicamente condene la homosexualidad. Creo que cada vez que reprimimos la verdad de Dios, nuestros pensamientos se vuelven inútiles y nuestras mentes sombrías. Cada vez que *nos* predisponemos a ser Dios y elegir nuestro propio camino, nos abandonamos a las propias lujurias. Nos llenamos de todo tipo de inmoralidad, incluso de los que entendemos como pecados "menores" de avaricia, malicia, envidia, celos, contienda, engaño, rencor, crueldad, chisme, altivez y la lista continúa. Debemos arrepentirnos de todas las veces en que elegimos nuestro propio camino. No debemos aceptar *ningún* pecado; y además debemos confesar específicamente los pecados sexuales.

Me apena que algunos cristianos adopten una postura tan indiferente con respecto al sexo fuera del matrimonio. Esto comienza cuando elegimos no resguardar a nuestros corazones, ojos y actividades, lo que finalmente puede llevarnos por el camino de Romanos 1. Muchos se han vuelto permisivos e insensibles en cuanto a esta área de pecado. No es ninguna novedad que existe un alto porcentaje de sexo prematrimonial, extramatrimonial y hasta casual entre los cristianos. Pero eso conlleva un alto costo para las familias, los individuos y la causa de Cristo, y no debe aceptarse simplemente porque es endémico en nuestra cultura. La intención de Dios con respecto al matrimonio es que dicha alianza represente la relación de compromiso entre Cristo y la iglesia. Creo que entristecemos a Dios cuando representamos tan inadecuada y descaradamente Su corazón y Su pacto.

Habiéndose dicho esto, quiero que te sientas libre de confesar tu propio pecado sin condenarte. Sé consciente de la depravación de nuestros días y no te asombres por los pecados de los demás. Creamos ataduras profanas de muchas formas, más allá del sexo extramatrimonial. A continuación, enumero algunos ejemplos:

- Mediante cualquier relación disfuncional por naturaleza: codependencia, roles de padre e hijo invertidos, hijos mayores que se niegan a "dejar el hogar", y más
- Mediante uniones emocionales o espirituales que son excesivas o desequilibradas
- Mediante tener ídolos y fantasías
- Mediante imágenes pornográficas, especialmente si van acompañadas de masturbación
- Mediante el sexo con animales
- Mediante los espíritus demoníacos íncubos o súcubos. Esos son espíritus enviados por las noches para generar excitación sexual (e incluso el coito) hasta alcanzar el orgasmo.
- La pena excesiva por la pérdida de un ser querido puede indicar que existe una atadura profana del alma con esa persona. Lee Génesis 44:30-31, en donde se describe una atadura profana del

alma que Israel probablemente tuvo con Benjamín.

Cosechamos en nuestros cuerpos, almas, espíritus y relaciones los efectos de nuestro pecado. **Para poder ser libres, debemos confesar nuestro pecado y renunciar a nuestras ataduras profanas del alma.**

La intención de Dios con respecto al matrimonio es que dicha alianza represente la relación de compromiso entre Cristo y la iglesia. Creo que entristecemos a Dios cuando representamos tan inadecuada y descaradamente Su corazón y Su pacto.

Pasos hacia la Victoria

❖ Lee Josué 9:3-27 y 2 Samuel 21:1-3. Observa que Dios no quebrantó el tratado o pacto profano que los hijos de Israel habían celebrado con los gabaonitas. Les hizo padecer las consecuencias de sus acciones aunque el pacto fuera profano. De la misma forma, nosotros cosecharemos las consecuencias de nuestras ataduras profanas del alma, y quebrantar el pacto y renunciar a esas ataduras es nuestra responsabilidad.

❖ Haz una lista de todas las relaciones sexuales que tuviste fuera del matrimonio. El objetivo es romper esas ataduras profanas del alma una por una. Si tuviste sexo antes de casarte con una persona, creaste una atadura profana del alma a la que debes renunciar, mientras que el lazo del alma que se genera dentro del matrimonio es divino.

Si no puedes recordar el nombre de una persona, usa un identificador como "el hombre de la camioneta roja".

En caso de prostitución o tráfico sexual, quizás debas agruparlas por tiempo o lugar. Dentro de esa lista, pide a Dios que te haga resaltar a personas especificas e significativas.

Haz una lista de otras relaciones en las que se creó un vínculo emocional o espiritual inapropiado.

Luego usa la oración que aparece a continuación para renunciar a cada atadura profana del alma.

❖ **En primer lugar, confiesa y arrepiéntete de los pecados sexuales usando la oración del Capítulo 3. Perdona a cada persona con quien te hayas involucrado y hayas creado una atadura profana del alma, usando la oración del Capítulo 9.**

❖ Si has hecho juramentos profanos, tómate el tiempo para renunciar a ellos. Por ejemplo si has dicho cosas como: "No puedo vivir sin ti" o "Nunca amaré a nadie más". Renuncia a ellos.

❖ Reemplaza las falsas creencias de identidad que has recibido. (Ver Capítulo 7).

❖ ¿Tu visión de Dios o la autoridad divina ha sido distorsiona por el pecado sexual o el abuso de otra persona? Renuncia a la idea de que Dios es como esa persona. Identifica tus creencias profanas y renuncia a ellas. (Ver Capítulos 1 y 14.)

❖ ¡Ahora determina tu voluntad de vivir en la santidad!

ORACIÓN PARA RENUNCIAR A LAS ATADURAS PROFANAS DEL ALMA

- Confieso y renuncio a todas mis uniones profanas y te pido que me perdones por todos aquellos pecados que generaron ataduras profanas del alma. Señor, recibo Tu perdón y me perdono a mí mismo. Te agradezco por haberme perdonado y limpiado.

Repite esta sección para cada persona con quien tengas una atadura profana del alma:

- Señor, en este momento le doy fin a mi unión y corto mis ataduras profanas del alma con _____. Lo/la perdono. Me libero a mí mismo de él/ella y lo/la libero a él/ella de mí.

- Reclamo las cosas que di (sé específico).**

- Devuelvo las cosas que recibí (sé específico).**

- Renuncio a los pactos/juramentos que hice.

- Oro que Tus propósitos para cada uno de nosotros sean liberados y cumplidos en nuestras vidas.

Cuando hayas finalizado la sección anterior para cada persona, concluye con lo siguiente:

- Renuncio a cada atadura del alma y quebranto la autoridad que les he dado a las fuerzas demoníacas para intervenir en mi vida mediante esas relaciones. Ato y expulso a todos los poderes de las tinieblas que atraje a través de esas ataduras profanas del alma _____ (es recomendable que seas específico aquí). Les indico que se vayan adonde Jesús los envía. Coloco la sangre de Jesús entre mí mismo y la persona que he nombrado. Te pido, Espíritu Santo, que traigas limpieza y sanación a mi mente y a mis emociones. Llena esas áreas con Tu presencia mientras me restauras y reparas mi integridad. ¡Gracias!

**En todas las relaciones, damos y recibimos cosas tanto positivas como negativas. Cuando rompemos las ataduras del alma, es bueno tomar conciencia y renunciar específicamente a lo que ocurrió en cada relación. Ser específicos es muy liberador. No le devolvemos nada a *la persona* con quienes estuvimos involucrados. En cambio, esta es una forma práctica de renunciar (al devolver) y sanarnos (al recibir). Estos son algunos ejemplos:

Yo di y por lo tanto reclamo: mi inocencia, mi pureza, mi amor, mi virginidad, mi corazón, mi esperanza, mis años perdidos.

Yo recibí y por lo tanto devuelvo: el afecto, el valor, el beneficio personal, el temor, el odio hacia los hombres/mujeres, la humillación.

Capítulo trece
LA VERGÜENZA

Gary y yo fuimos a Nicaragua para demostrarles amor a los niños que vivían en un orfanato administrado por cristianos. Algunos de los problemas que vi en la vida de esos niños me rompieron el corazón. Pude ministrar a algunos de esos niños pero sentía que mi ayuda era insuficiente, como una gota dentro de un balde.

Pasé alrededor de una hora con María. María tenía dos años cuando fue abandonada por sus padres, que no la querían. Quizás nunca la habían querido o no habían podido cuidarla. Luego fue entregada a su abuela, pero la mujer estaba tan débil y enferma que no podía darlos los cuidados adecuados. Entonces, María primero fue rechazada y abandonada, y luego desatendida.

Cuando tenía ocho años, la violaron. Después de eso, según sus propias palabras, *eligió* vivir en la calle. ¿Cómo sobreviven muchas personas que viven en la calle? Mediante la prostitución. María se vio obligada a ser una prostituta callejera desde los ocho hasta los catorce años, cuando vino a vivir al orfanato.

La miré a los ojos y todo lo que vi fue un enorme vacío, tan oscuro que se asemejaba a la muerte. El dolor y la vergüenza emanaban de su ser. Oré: "Dios, no tengo mucho tiempo. ¿Cuál es el mensaje? ¿Qué debo compartir con María?". Escuché dos cosas: "Ella debe saber que la amo" y "debe saber que no es su culpa".

Eso es de lo que primero debemos ocuparnos cuando aparece la vergüenza. Algo sucedió cuando éramos pequeños que, en muchos casos, se repitió. Un hecho vergonzoso fue cometido en contra de nosotros, y luego agravamos esa vergüenza con nuestro propio pecado personal. María creía que había elegido su estilo de vida y que era mala e imperfecta por ello. Pero Dios quería afirmar el valor que ella tenía y demostrarle Su amor.

Aunque se nos indica que no debemos vivir como víctimas, en ese momento María era víctima de los pecados de muchas personas. Si bien también tomó malas decisiones, no fue su elección llenarse de vergüenza. Dios quiere que sepas y entiendas que la vergüenza no refleja **quien eres**, ni tampoco es tu culpa. Dios no te observa y ve vergüenza como tu identidad.

> *Dios quiere que sepas y entiendas que la vergüenza no refleja **quien eres**, ni tampoco es tu culpa. Dios no te observa y ve vergüenza como tu identidad.*

Dos problemas exclusivos de la vergüenza.

Hay dos problemas exclusivos de la vergüenza. El primero (que acabas de leer) es que el hecho vergonzoso, especialmente el primer caso o punto de entrada, no fue tu culpa. Sin embargo, a menudo sientes que merecías o te ganaste el trato recibido. Te dices que *debe* haber algo mal en ti porque si no *eso* no había ocurrido, lo que sencillamente no es cierto. Esto se torna un problema porque no sabes cómo salirte de algo que no causaste ni merecías.

El segundo problema es que una característica de la vergüenza es ocultarse. Muchas veces no reconocemos ni nos permitimos ver lo que la vergüenza está causando en nuestras vidas porque es su naturaleza esconderse. Cuando la vergüenza tiene un fuerte dominio sobre nosotros, queremos ocultarnos y protegernos—incluso de nosotros mismos. No podemos admitir o confesar nuestro propio pecado porque estamos muy avergonzados.

Creemos equivocadamente que admitir nuestro pecado prueba que somos imperfectos, y nuestros frágiles egos se desesperan si eso sucede. Por lo tanto, impedimos esa confesión que nos librará. **Nos sentimos culpables y responsables de aquello que no fue nuestra culpa y, al mismo tiempo, somos incapaces de sentir una verdadera convicción de pecado que llevaría a la confesión y la libertad.**

Nos rehusamos a sentir vergüenza y dolor; por lo tanto, no podemos entregarle esos sentimientos a Jesús. Estamos atravesados por las consecuencias de nuestras emociones enterradas, y mientras tanto seguimos fingiendo. Aunque nos sintamos imperfectos y malvados en el centro de nuestro ser, fingimos—incluso ante nosotros mismos—que todo está bien.

"El hombre contestó: —Escuché que andabas por el jardín, y tuve miedo porque estoy desnudo. Por eso me escondí".
(Génesis 3:10)

Existe una fuerte conexión entre la fortaleza de la vergüenza y la fortaleza del temor o del control. Chester y Betsy Kylstra, fundadores de Restoring the Foundations, acuden a Génesis 3:10 para demostrar esta relación[1]. Génesis dice: estaba desnudo (vergüenza que le sigue al pecado), por eso tuve miedo (temor) y me escondí (control). La vergüenza es lo que ocurre primero. Entonces tememos que alguien descubra todo. La vergüenza dice: "Soy un error, soy imperfecto, hay algo malo en mí".

En lo personal, no tenía ninguna duda de que era totalmente imperfecta en el centro de mi ser. Si no era una mala persona, ¿entonces por qué había recibido todo el maltrato, el rechazo y la falta de amor de los demás? Debe ser mi culpa. "Yo soy el problema" es simplemente el modo en que procesamos las cosas. Sin embargo, así es como se expresa la vergüenza.

Al principio no pude identificar la presencia del temor en mi vida, pero estaba claro que me escondía. (¡Era muy introvertida!) Nos ocultamos al controlar y tomamos el control al ocultarnos. Adán y Eva se escondieron y se cubrieron con hojas de higuera. Inconscientemente hacemos este juramento: *controlaré mis circunstancias para estar a salvo; nadie sabrá cuán imperfecto realmente soy y ya no volveré a salir lastimado.*

> ... una característica de la vergüenza es ocultarse... fingimos—incluso ante nosotros mismos—que todo está bien.

Un testimonio de sanación progresiva

Dios a menudo se ocupa de nosotros capa por capa. Nos sana en la medida que estemos listos en cada área específica y luego profundiza esa sanación más adelante. Es progresivo, al igual que la posesión por parte de los hijos de Israel de la tierra que Dios ya les había dado. Dios trabajó poco a poco sobre mis capas de vergüenza, y sobre las formas en que ese sentimiento se entremezclaba con el temor y el control.

Ya había tratado la ira, el rechazo y otras fortalezas, y me encontraba ministrando en la consejería cristiana. Me dispuse a ampliar mi capacitación y fue entonces que conocí a Sue. Durante lo que probablemente fue nuestra tercera sesión, Sue mencionó la vergüenza. Ni bien oí sus palabras, me puse a llorar. Me dije a mí misma: *"Algo ha sido descubierto. ¿Hay vergüenza allí?"* No quería que hubiera vergüenza en mi interior porque, de ser así, ¡eso significaría que *era* imperfecta y que lo que había intentado ocultar saldría a la luz! ¡Fue horrible! Suprimí mis lágrimas lo más rápido que pude. No quería que Sue notara que había un núcleo de vergüenza en mi interior (aunque indudablemente ya lo había detectado).

¿Qué vio en mí que le permitió darse cuenta que estaba llena de vergüenza? Imagino que vio inseguridad, la necesidad de aprobación y el temor de que las personas vieran mi *verdadero* yo. Indudablemente detectó mi deseo de control. Vio que estaba en la escalera de la ley.

Solía entrar en una habitación y estudiar la situación. Iba tras las *personas espirituales* (los pastores, quienes estaban en el ministerio, etc.) y me acercaba lo suficientemente a ellos como para que todos piensen que era su amiga, lo que me haría ver muy bien. Me les acercaba todo lo que podía para que quizás algo de ellos cayera sobre mí y me hiciera una mejor persona. Pero no me acercaba tanto como para que vieran quién realmente era (y así detectaran mis debilidades).

No estaba escondiendo nada ni convivía con el pecado. No era consciente de nada concretamente inapropiado en mí. Simplemente *sabía* que algo había. No era que temía estar frente a un pastor porque él podría ver un pecado específico que estaba cometiendo o algún tipo de mal en mí. Simplemente sentía que *debía* haber algo imperfecto en mi, por eso no quería acercarme tanto. ¡No sabía qué cosa podría ser revelada! Es cierto que los demás muchas veces ven nuestros puntos ciegos y lo que creemos estar guardando en secreto. Suelen detectar nuestra vergüenza oculta, aunque generalmente no ven nuestros secretos ocultos. Pero no son ellos quienes nos llaman imperfectos.

Luego buscaba a quienes eran menos espirituales que yo. Pensaba: *"Muy bien, soy mejor que tú, al menos estoy un paso adelante en el camino de la madurez cristiana. Ahora puedo relajarme y sentirme bien conmigo misma"*. Sue pudo detectar mi necesidad de aprobación, la duda sobre dónde me encontraba en esa escalera que compara y compite, porque la vergüenza dice: "Siempre debo destacarme. Siempre debo hacer todo bien (aunque probablemente no pueda)."

La vergüenza también dice: "Tengo que cumplir mi destino, debo recibir un llamado importante". Creo que los cristianos que más afirman a viva voz que tienen un llamado de Dios en sus vidas son aquellos que más vergüenza tienen. Si estás seguro de la presencia de Dios en tu vida, no hay necesidad de acaparar toda la atención. Todos tenemos un llamado. Todos tenemos tareas diferentes. Dios me asignó una tarea hace veinticinco años: liberar a los prisioneros. Eso no me hace ser una mejor o peor persona: es simplemente mi tarea. Y cuando a alguien le va mejor o llega más lejos de lo que jamás yo podría, eso no me hace sentir inferior.

Cuando nos desborda la vergüenza, nos aseguramos de que todos sepan que hemos sido llamados a un ministerio maravilloso o para una tarea de gran importancia. En ese caso, es la vergüenza quien se expresa, porque nos sentimos vacíos en nuestro interior y necesitamos algo externo que nos de identidad y nos permita sentirnos bien con nosotros mismos. Muy a menudo, esto termina con la persona buscando tener dones y ministerio en lugar de una relación con Dios Todopoderoso.

Dios me liberó de la vergüenza de manera profunda sanando una herida del pasado. (Contaré más sobre este proceso en un capítulo siguiente). Sé que lo que experimenté provino de Dios porque no podría habérmelo inventado. Contenía verdades de las que no era consciente en ese momento y hay ciertos hechos que conocí posteriormente que lo confirman.

Me vi a mí misma en el útero de mi madre. Ella estaba tapándose la cara y encogiéndose de miedo. Más tarde, Sue me explicó que cubrirse la cara es un indicio de vergüenza. Como mi madre fue humillada cuando estaba embarazada de mí, ese espíritu también entró a mi vida. Además, recibí ese espíritu porque ese embarazo (yo), en parte, era la causa de su vergüenza.

¿Qué hizo Jesús? Quiso sanar el dolor y borrar la vergüenza. Le pedí que penetrara ese recuerdo. Entonces, Jesús me sacó del útero de mi madre, siendo una beba alborotada pero aún no nacida. Me sostuvo junto a Su mejilla y me llevó al cielo para sentarme junto a Dios.

No mucho tiempo después, Dios me presentó unas escrituras para confirmar que lo que hizo por mí fue real y verdadero. La Biblia dice: "Aunque mi padre y mi madre me abandonen, el Señor me recibirá en sus brazos" (Salmos 27:10, NBD). También dice: "Fui puesto a tu cuidado desde antes de nacer; desde el vientre de mi madre mi Dios eres tú" (Salmos 22:10). Dios estaba diciendo: "Esta es la verdad acerca de cómo te veo. Eres mía. Te amo y reinas desde el cielo conmigo". Desde ese momento en adelante, se quebrantó el poder de la humillación en mi vida. Pude sustituir mi identidad como una hija de Dios valorada, aceptada y adorada.

Un cambio notorio e inmediato fue que me sentí libre de enseñar mi propio material. Hasta ese entonces, me había dedicado bastante a la docencia pero basándome en el material de alguna otra persona. En ese momento, mis hijos estaban en la escuela secundaria y los padres de adolescentes teníamos un grupo en la iglesia. Nos reuníamos y concordábamos en que necesitábamos ayuda, pero no encontrábamos a nadie que pudiera dar las clases. Entonces un día salí y compré todos los libros, los leí y fui compartiendo aquello que aprendí.

Después de librarme de la vergüenza, pude compartir mi propio material. El curso *Lifestyle of Liberty* es material propia. Extraje cosas de otros ministerios, por supuesto, pero puedo pararme aquí sin sentir vergüenza. Si te gusta, ¡perfecto! Pero si sientes que no es de tu agrado, eso no me desanima ni me hace sentir insignificante. Si eres pastor y notas que digo algo teológicamente incorrecto, puedo aceptar tu corrección, eso no me destroza ni me invalida. Al haberme despojado del poder de la vergüenza, ya no soy esclava de la opinión de los demás.

Que seamos sanados y liberados no implica que navegaremos por aguas tranquilas, o que nunca debamos volver a afrontar una dificultad en esa área. Ya había dado un gran paso. Estaba segura de cuál era la opinión de Dios sobre mí y sabía que la vergüenza ya no residía en mi interior como parte de mi identidad. Pero sufrí una vergüenza prolongada, que se sentía como una presencia opresiva que cargaba ininterrumpidamente sobre mis hombros. Era como si luchara constantemente contra el sentimiento de no ser lo suficientemente buena. Luché durante años. Pero, en mi espíritu, estuve de acuerdo con Dios en que ya lo había superado y pude entonces **mantenerme firme en mi victoria**. Aprendí a decir "sal de aquí" cada vez que sentía vergüenza. Proclamé quién era y cuál era mi identidad. Salí victoriosa porque es Jesús quien me otorga esa victoria. Pero durante años, seguí sintiendo esa opresión.

Un tiempo más adelante, me asignaron una responsabilidad ministerial en la iglesia. Completé la tarea que me encomendaron pero no creo haberme desempeñado particularmente bien. Cierta persona me había comunicado la forma en que ella creía que esa tarea debía llevarse a cabo. *"Probablemente escuchó mejor al Señor que yo"*, pensé. Vacilé y le pregunté a Dios si debía hacerlo como esa mujer me sugería o como lo había escuchado de Él. Mirándolo en retrospectiva, la forma sugerida por la mujer probablemente era más apropiada, pero elegí seguir adelante con lo que tenía planeado. Pasaron algunas horas ese mismo día. En medio de un servicio de alabanza, vi algo con el ojo de mi mente: vi a una niña marcharse cruzando una puerta. No pensé en nada en ese momento, pero recuerdo sentirme después muy liviana y contenta. Le pregunté a Dios: "¿Qué está sucediendo? ¡Me siento fabulosa!" Él respondió: "Esa niña era la vergüenza. ¿No la viste salir por la puerta?". Desde ese momento en adelante, la vergüenza nunca más volvió a colgarse de mis hombros.

Al haberme despojado del poder de la vergüenza, ya no soy esclava de la opinión de los demás.

Lo que debería haber sido un hecho vergonzoso (no agradarle a nadie, estar en desacuerdo con alguien, hacer algo no tan bien como lo haría otra persona o no escuchar a Dios) no me hizo sentir avergonzada. Había resistido y el enemigo se dio por vencido. Esa fue la última provocación de la vergüenza, luego marchó derrotada por la puerta.

Unos años después, Dios me invitó a superar otro nivel en mi vida para vivir sin vergüenza. (¡Pensé que ya había terminado!) Me sugirió que yo sólo era transparente y vulnerable en las áreas que ya había *arreglado* en mi vida. Ahora, hago un esfuerzo planeado para compartir con las personas cercanas las áreas en las que aún tengo que obtener la victoria completa. No ocultaré nada. Diré: "Esta fue mi lucha de la semana pasada" o "Este fue mi pecado de esta semana". Lo compartiré porque estoy transitando ese proceso, y porque Dios me da permiso para hacerlo.

La naturaleza egocéntrica de la vergüenza

Pídele a Dios que te lleve de un nivel de victoria a otro mientras tu le permites revelarte la vergüenza que intenta excluir de tu verdadera identidad. Nuestra vergüenza es una carga muy pesada de sostener, y nos trae la derrota todos los días.

La vergüenza nos programa para pensar que todo gira a nuestro alrededor o tiene que ver con nosotros. Mediante la vergüenza, interpretamos los hechos de esta forma: si no eres agradable conmigo, entonces debe ser porque no soy una buena persona; si esto me sucedió, debo merecerlo; la culpa es mía; si tienes un motivo para corregirme, me sentiré un fracasado.

Jeff y Susie acudieron al ministerio y relataron un problema en su relación ocurrido la semana anterior. Susie estaba dolida y decepcionada porque Jeff no le prestaba atención y fue incapaz de mantener una promesa que le había hecho. Susie había intentado comunicar a su esposo sus necesidades y emociones. Y él le respondió: "Soy un tonto. Nunca hago nada bien. Soy un desastre. Yo soy siempre el problema".

La respuesta de Jeff fue una reacción que provino desde un interior lleno de vergüenza egocentrismo. Se sentía totalmente condenado cuando, en realidad, lo único que debía hacer era admitir su pecado, o al menos detenerse el tiempo suficiente como para observar la situación desde la perspectiva de Susie y definir si su reclamo era legítimo o no. Reaccionando del modo que lo hizo, Jeff ignoró el problema de Susie y se convirtió en el centro de la atención y en "quien tenía el problema".

¡Espera un momento! Susie fue quien expresó tener una necesidad. ¡Ayudémosla! Si estás lleno de vergüenza, todo siempre se trata de ti, y los problemas de la otra persona (en tu mente) siempre son un reflejo de ti y de lo malo que eres.

Creo que es esta visión egocéntrica del mundo la que fomenta la envidia y la competencia. Cuando el mundo gira en torno de mí, me siento inseguro por mi imperfección (vergüenza), por lo que tengo la necesidad de buscar mi valor y mi identidad en algún lugar. A menudo, busco la aceptación mediante mis aptitudes y, cuando lo hago, me comparo y compito con los demás. Dependiendo de cuán buena considere que mi carne es, voy a estar lleno ya sea de orgullo o desanimo.

En cada encuentro, recibo un mensaje de vida. Si no soy tan dotado como otra persona, ese hecho refuerza mi inferioridad. También puedo concluir que no soy tan bueno o valioso como persona, o que Dios no me ama tanto como ama a otros. ¿Por qué el derecho soberano de Dios de distribuir los dones según Su propósito, es un reflejo de mi valor? No lo es. Sin embargo, lo interpretamos de esa forma. Despojémonos de la vergüenza y comencemos a vivir para Dios y no para nuestro ego. Dios ya demostró cuánto me ama individualmente al morir por mí.

La vergüenza nos programa para pensar que todo gira a nuestro alrededor o tiene que ver con nosotros.

Muy a menudo, desde nuestra vergüenza, nos preguntamos dónde encajamos. De alguna forma, pensamos que brillar para Jesús durante toda la eternidad no es suficiente. La vergüenza nos dice: "Todo se trata de mí", entonces nos preguntamos si estamos haciendo lo correcto. Debemos adoptar un cambio en nuestra perspectiva que nos permita decir: "Mi vida y mis metas no se tratan de mí ni de mi valor. Mi vida simplemente es una plataforma desde la cual demostrar cuán grandioso es Dios. Y yo cooperaré con la soberanía de Dios al permitir que eso suceda".

El temor como consecuencia de la vergüenza

Cuando en nuestro interior hay vergüenza y no predomina la identidad provista por Dios, la consecuencia directa de ello será que viviremos con temor. El temor puede expresarse de las formas que ya conocemos, como la ansiedad, la preocupación, la paranoia, las fobias, los terrores y el temor sobre diversas cosas. Yo nunca sentí sus formas típicas, pero el temor estuvo presente mediante mi hipersensibilidad y en mi timidez. El amor perfecto expulsa al temor, pero si no hemos conocido o recibido ese amor, nuestro camino de fe se verá obstaculizado. Estaremos temerosos en lugar de esperanzados.

Nuestro temor más grande sigue siendo estar expuestos a nuestros errores y defectos. Por lo tanto, puedes sentir temor de admitir tu propio pecado. ¿Admitir tu pecado confirma que eres malo? ¡No! ¡Tú no eres el pecado! **Confesar tu pecado no destruye tu identidad,** sino que te permite liberar tu verdadero ser. El enemigo quiere que pienses que si expones tu pecado, dolor o trauma, ya no podrás cerrar la caja de Pandora. Te hace creer que no volverás a poner tu vida en orden. Por eso, en tu búsqueda de seguridad, te refugias en la negación y el control.

El control como consecuencia del temor

Todo tipo de control tiene el objetivo de proteger. En algunas ocasiones, el control adopta una forma autoritaria e intimidatoria. Queremos y necesitamos que las cosas se hagan como queremos, por eso insistimos con que siempre tenemos razón. En otras ocasiones, el control adopta una forma aparentemente bondadosa. La auto rectitud, el legalismo y el desempeño excesivo pueden parecer buenas actitudes, pero en realidad son conductas controladoras. Controlaré cómo me veo y (quizás) cómo te ves tú, para que los demás no puedan detectar los defectos.

Controlamos de formas que no parecen ser controladoras. Cuando autorizamos, aplacamos y aceptamos falsas responsabilidades, nuestro objetivo es controlar nuestros entornos y mantenernos seguros. Muchas veces es difícil reconocer esas conductas como pecado porque aparentamos ser altruistas y sacrificados.

Las conductas autodestructivas también reflejan un espíritu de control. La anorexia, la bulimia y los cortes corporales dicen: "Sé que soy malo. Voy a demostrarlo y sentirlo porque ya no sé qué más hacer". El control refleja nuestro orgullo y egocentrismo mientras seguimos estando en el centro de la escena.

Me había esforzado mucho para liberarme del control, y no entendía cómo ese sentimiento seguía filtrándose en mi vida. Descubrí que aunque ya había tratado el núcleo de la vergüenza en mí, anteriormente había desarrollado muchos patrones de hábitos y había sufrido una gran cantidad de temor y control entremezclados. No pude superar el control hasta que reconocí cuánto temor había en mi vida, lo que contribuía con la aparición de esa necesidad de control.

Tenía temor. Había sido humillada durante mi niñez. Mi padre era un alcohólico que no se ocupaba de mí de una forma que me hiciera sentir segura. No me demostraba su aprobación. Por eso, inconscientemente temía que se repitiera mi experiencia infantil.

> *El amor perfecto expulsa al temor, pero si no hemos conocido o recibido ese amor, nuestro camino de fe se verá obstaculizado. Estaremos temerosos en lugar de esperanzados.*

Cuando no somos conscientes de nuestros temores, somos incapaces de vencer al enemigo en las áreas en que nos tiene controlados. Dios me ayudó a reconocer que me daba miedo la idea de que se repita mi humillación, de volver a sentirme desprotegida, desatendida e ignorada. Trasladé esos temores a mi matrimonio.

Tengo un esposo maravilloso. Pero si una corazonada me hacía pensar que no me sustentaría o protegería, o si sentía algún indicio de que me abandonaría, ¿qué modo adoptaba? ¡El modo de control! Lo hacía porque estaba consumida por el temor. Eso me hacía aferrarme al control. Ejercí mucho control en mi hogar hasta que pude deshacerme de ese temor.

Incluso desde muy pequeños, se nos ha enseñado a enterrar nuestros sentimientos de temor y dolor. Los padres tienen buenos deseos y buscan alentar a sus hijos para que logren ser todo aquello que deseen. Así y todo, con frecuencia les comunicamos el mensaje equivocado a nuestros hijos. Un niño corre, se cae y se raspa la rodilla. La madre corre hacia él y le dice: "Está bien… está bien", intentando consolarlo. Sin embargo, para un niño esa respuesta puede instarlo a minimizar su dolor y a reprimirlo para complacer a sus padres.

Es posible que los padres intervengan desde su propia necesidad, creyendo que todo debe estar bien porque se sienten atemorizados e ineptos si no es así. Cuando no pueden resolver algo, se alteran. No les permiten a sus hijos expresar su dolor, enojo o temor.

Si este proceso se repite a lo largo de la vida, creamos un reflejo automático: cuando experimentamos vergüenza, dolor o pecado, lo ocultamos tan rápidamente que casi no nos damos cuenta que ha ocurrido algo desagradable. Al reprimir nuestros sentimientos, los mismos siguen estando allí pero quedan irresueltos.

Pasos hacia la Victoria

❖ Invita al Espíritu Santo a que te muestre tus métodos inadecuados y deshonestos de afrontar la vida. Pídele que te revele la verdad. Invítalo a satisfacer tu necesidad.

- ¿Cuándo has enterrado tu dolor o tu necesidad?
- ¿Cuándo has caído en la trampa del control?
- ¿Dónde se aferra el temor en tu vida?

❖ Cuando los mensajes de la vida llegan a nosotros y nos declaran que somos malos o imperfectos, nos quedamos sin fuerzas para luchar—incluso si sentimos que se nos trató o acusó injustamente—porque creímos la primera mentira de que somos una vergüenza y de que siempre nosotros somos el problema.

- Si has reaccionado con rabia o rebeldía cuando te trataron injustamente, confiesa este hecho como pecado. Acepta tu lugar como hijo o hija del Rey.

- Si has aceptado la acusación o la identidad de ser una vergüenza, confiesa este hecho como pecado. Recibe el amor, la afirmación y el propósito de Dios en tu vida.

❖ Pídele a Dios que te ayude a identificar de qué forma la vergüenza, el temor y el control están interconectados en tu vida. Es muy útil renunciar a todos esos espíritus juntos. Indícales a dichos espíritus que se separen entre sí. En cada área procede con la confesión, el perdón y la renuncia. Puedes usar la oración para confesar el pecado personal y ancestral que aparece al final del Capítulo 3.

❖ ¿En qué áreas necesitas proclamarte vencedor? Lee Efesios 6. Toma la decisión de **mantenerte de pie**. ¡Declara que has vencido al enemigo!

❖ Cuando leas el Capítulo 17 sobre la sanación de los recuerdos, puedes pedirle a Jesús que te muestre en qué aspectos de tu vida la vergüenza erigió una fortaleza. Pídele a Jesús que sane aquellos recuerdos que te humillaron.

Capítulo catorce
RENOVAR NUESTRAS MENTES

En el Capítulo 2, analizamos la diferencia entre las circunstancias y la **realidad**: lo que veo en mis circunstancias no necesariamente es la realidad. La realidad es lo que dice la **Palabra de Dios**. Esa es la verdad. La verdad es superior al hecho, y nosotros debemos vivir nuestras vidas guiados por la verdad y no según lo que experimentamos. Sin embargo, las experiencias y los mensajes de vida que recibimos nos impulsan a formar creencias profanas, las cuales influyen notablemente sobre la forma en que vivimos.

Cambiar nuestro sistema de creencias es la clave para nuestra victoria

Todos tenemos experiencias que interpretamos de una manera particular. Cuando formamos nuestras creencias y actuamos en base a ellas, eternizamos un ciclo y terminamos teniendo esas mismas experiencias una y otra vez. Es importante ver que nuestras creencias e ideas erróneas nos atrapan en un ciclo de derrota. Cambiar nuestro sistema de creencias es la clave para lograr la victoria.

Roger se había sentido excluido y rechazado desde que tenía memoria. Por eso, internalizó muchas creencias profanas que formaban parte de su sistema de creencias: *no valgo nada, nadie me quiere, no soy bueno, nunca lograré nada, todos me rechazan y merezco ser rechazado.* Su sistema de creencias lo llevó a esperar siempre ser dejado de lado y nunca recibir nada. Por eso, él se comportaba acorde a esa creencia. Era introvertido, huraño y negativo.

Todos nos hemos relacionado con este tipo de personas, ¿no es así? Aquellos que *visten* el rechazo entran a una habitación y nos vemos tentados a irnos por la puerta contraria. Roger experimentaba el rechazo reiteradamente, lo que a su vez reforzaba su creencia y perpetuaba el mismo comportamiento negativo. Cuanto más rechazo sentía, más se sumía en ese eterno espiral descendente.

El hermano menor de Roger, Eric, experimentó un rechazo parecido durante su niñez y formó creencias similares. Pero su comportamiento era distinto. Para compensar, intentaba ser el payaso de la clase. Inconscientemente, creía que si se comportaba como alguien que no era, quizás sería aceptado. Pero desde el centro de su identidad distorsionada, él en realidad esperaba el rechazo. Para los demás, él era dominante y embustero. Y mientras captaba cierta atención y generaba algunas risas, la verdadera amistad que buscaba nunca llegaba a su vida. El espiral de rechazo era desalentador, pero Eric no sabía cómo cambiar la forma en que los demás lo trataban.

Lance siempre había tenido problemas con la autoridad. Por eso, cuando no fue tenido en cuenta para otro ascenso, así interpretó la elección de su jefe: *Él es estúpido. No sabe reconocer algo bueno cuando lo ve.* La conclusión de Lance fue que necesitaba hacerse cargo del problema y dejar las cosas bien claras. Su conducta se volvió controladora, irritante y manipuladora. Después de ser descartado nuevamente para un ascenso, continúo con el hábito de cambiarse de un trabajo a otro, sin comprender nunca por qué nadie lo valoraba.

Heather estaba en una iglesia que comenzó a creer y enseñar que, hoy en día, todos podemos experimentar milagros en nuestras vidas y mediante ellas. Oraba para que varias personas fueran sanadas, pero eso no sucedía lo cual la dejó con varias opciones. Podría sacar una conclusión doctrinal: la sanación no es para hoy, quienes insisten en ello son simplemente bichos raros y farsantes. Podría concluir que ese no era su *don* y, por lo tanto, sentirse condenada y abatida. Podría optar por juzgarse a sí misma y a los demás. O podría vivir con la fe de que la Palabra de Dios es verdadera, creyendo que con el paso del tiempo y gracias a la fidelidad de Dios, sería testigo de la sanación.

Si ella elige cualquiera de las dos primeras opciones como su sistema de creencias, ¿qué podría esperar? ¡Que nadie jamás sea sanado! Seguramente dejaría de orar por la sanación y, como efecto directo, no vería a ninguna persona sanada con sus oraciones. Si se culpara a sí misma, se formaría otras creencias profanas: *Dios no me usará para eso, no veré sanarse a nadie, no tengo muchos dones, no debo ser valiosa para Dios.* Heather se sentiría desalentada. Mientras se pregunta cuáles son sus dones, podría enojarse con Dios, creyendo que no le dio ninguno a ella. El deterioro desciende como una bola de nieve, arrasando con todo a medida que se forman más creencias profanas y suceden experiencias negativas.

Los traumas de nuestro pasado han hecho que desarrollemos sistemas de creencias profanos y negativos. Cuando los niños pequeños son maltratados, ignorados y abandonados, luego forman creencias profanas, especialmente aquellas relacionadas con los hombres como padres y, por ende, con Dios como Padre. Esto dificulta nuestra relación con Dios como el Padre amoroso que es. Cuando vivimos guiados por las creencias profanas, particularmente aquellas que tienen que ver con nuestra seguridad, protección, el amar y ser amados, normalmente nos vemos tentados a tomar el control de las cosas. Este control, por su parte, afecta negativamente nuestro comportamiento y nuestras experiencias repetidas. Cuando renunciamos a nuestras creencias profanas, cambiamos las experiencias futuras.

También hay una interconexión entre el pecado y las creencias profanas. Estas últimas pueden atraer (abrirle la puerta) al pecado en tu vida. Charlotte fue increíblemente liberada de la ira al confesarse y renunciar a su pecado. Pero luego notó que volvía a enojarse frecuentemente. Tenía una creencia profana subyacente que le decía que tenía derechos exclusivos y merecía ser tratada especialmente. Esto la hacía tropezar diariamente y continuar experimentando la ira cuando no se cumplían sus demandas.

Estaba confundida porque no sabía de dónde provenía esa ira. Sabía que había cerrado esa puerta y experimentado una gran libertad. ¿Por qué entonces ese sentimiento parecía haber regresado? El enemigo encontró otra puerta abierta a través de las creencias profanas de Charlotte.

Cuando renunciamos a nuestras creencias profanas, cambiamos las experiencias futuras.

Le pediremos a Dios que nos ayude a identificar y cambiar nuestros sistemas de creencias profanas para evitar que se eternicen ciclos similares a los que acabamos de describir. ¡Queremos ser transformados!

Renovar tu mente

No se amolden al mundo actual, sino sean transformados mediante la renovación de su mente. Así podrán comprobar cuál es la voluntad de Dios, buena, agradable y perfecta. (Romanos 12:2)

Romanos 12:2 dice que seremos transformados al renovar nuestras mentes. Cuando acudí a Cristo, lo recibí como mi Señor. Oré y leí la Palabra reiteradamente, renovando constantemente mi mente a través de las Escrituras. Por eso me sorprendía la idea de que posiblemente tenía una creencia profana. Si decía que únicamente creía en la Biblia, ¿cómo podía entonces tener creencias profanas?

Nuestras creencias profanas no quedan expuestas mediante lo que pensamos, porque no nos damos cuenta de que estamos equivocados. Como cristianos, si pensamos que estamos equivocados, ¡entonces cambiamos! En cambio, descubrimos nuestras creencias profanas a través de nuestras reacciones y conductas, así como también mediante la forma en que se expresan nuestros sentimientos. Eso refleja lo que realmente creemos. Yo creo que Dios siempre es bueno. Pero si me siento desilusionada después de una experiencia decepcionante, eso puede reflejarse en mi alma y allí es cuando cuestiono Su bondad.

Las creencias profanas son creencias, actitudes, entendimientos o expectativas incorrectas. Se tratan de nosotros, de otras personas o de Dios. Cualquier pensamiento que no está de acuerdo con Dios, Su naturaleza, Su carácter o Su Palabra es una creencia profana.

En 2 Corintios 10:4 se nos advierte que debemos mantener cautivo a cada pensamiento. Esa es una de nuestras armas poderosas para derribar las fortalezas. (Ya hemos visto otras armas: la confesión, el arrepentimiento, el perdón y la forma de ocuparnos de las maldiciones generacionales y de los juicios). Pero también contamos con otra arma mientras luchamos contra los poderes espirituales desde lugares celestiales. Podemos demoler aquellos argumentos—cada pensamiento arrogante, ambición o pretensión—que *se elevan por sobre el conocimiento de Dios*.[1]

Descubrimos nuestras creencias profanas a través de nuestras reacciones y conductas, así como también mediante la forma en que se expresan nuestros sentimientos.

Nuestros sistemas de creencias profanas son procesos de pensamiento que se elevan por sobre el conocimiento de Dios. Son precisamente lo opuesto a conocer a Dios. Debo demoler todo aquello que se venga en mi contra y me impida conocerlo (como que la creencia de que Dios es distante e inalcanzable, así como cualquier mentira sobre Él). Nuestros sistemas de creencias profanas incluyen todo lo que se opone a la verdad, como las mentiras que creo sobre mí misma y sobre los demás. Aquello que se plantea como una verdad superior.

Mis experiencias de vida son algo sutil que puedo instaurar como una verdad superior a la Palabra de Dios. Por ejemplo, si mi experiencia indica que no soy talentoso, es posible que instaure ese hecho como una verdad superior a la Palabra de Dios. Es eso lo que debemos demoler. Mantendremos cautivo a cada pensamiento (detenlo y examínalo). Lo examinaremos para ver si concuerda con la Palabra de Dios, con Su naturaleza y con Su carácter. Si no cumple con ese requisito, entonces lo expulsaremos. Renunciaremos a ese pensamiento, nos desharemos de él y lo reemplazaremos con la verdad—con una creencia divina.

Hay que entender, sin embargo, que puede ser cansador observar cada uno de los pensamientos que se nos vienen a la mente durante el día y mantenerlos cautivos. Nos marearemos y nos sentiremos derrotados. Será como intentar mantener todas esas pelotas de ping-pong debajo del agua en una bañera. Lo que debemos mirar específicamente es nuestro sistema de creencias—los patrones de pensamiento y las fortalezas de la mente. Si los pensamientos son las hojas de los árboles, entonces las ramas son los sistemas de creencias.

Imagina pasar el día intentando mantener cautivos a todos estos pensamientos: *no soy bueno, nunca podré hacer las cosas del todo bien, nadie cree que puedo destacarme, no hice un buen trabajo, no les gusta la forma en que trabajo, nunca voy a llegar a ser nadie, no puedo hacer nada bien, soy tonto*. Si se me vinieran a la mente todos esos pensamientos y siguiera intentando capturarlos uno por uno, terminaría agotada. En cambio, si buscara identificar en qué se asemejan, encontraría el sistema de creencias subyacente y me ocuparía de ello, todo sería mucho más fácil. En ese caso, la creencia subyacente es mi inutilidad. Podría podar la rama en lugar de ocuparme de cada una de las hojas. Además, podría encontrar las raíces que mantienen a esas creencias firmes en su lugar.

Las emociones negativas pueden ser un indicio de que tienes una creencia profana. ¿En qué momento tus emociones dicen que estás abandonado, desprotegido o que Dios no tiene el control? ¿Cuándo te has sentido así antes? ¿Qué mentira creíste en ese entonces que continúa afectando tus expectativas y tu conducta del presente?

Por ejemplo, si me fuera de una clase en la que enseñé sintiéndome desalentada, deprimida o derrotada, eso haría que me ponga a observar esas emociones y le pregunte a Dios por qué estoy tan triste o desganada. Los motivos podrían ser innumerables. Quizás se deba a que, como trabajo hasta que Cristo se forme en el interior de aquellas personas a quienes ministro, mi corazón se apena si las veo luchando. Al darme cuenta de eso, me siento llamada a la oración. Al igual que como Dios se acerca y llora con quienes lloran, estaría bien si me siento de esa forma cuando se producen las respuestas apropiadas. Es igualmente posible que muchas personas de la clase estuvieran guiadas por un espíritu de desánimo. Dios me revelaría esta situación para que, nuevamente, recurra a la oración y de batalla por ellos.

También podría ser que tengo creencias profanas. Por ejemplo, si después de terminar la clase, me doy cuenta que nadie dijo: "Gran trabajo, Krisann, me encantó tu enseñanza", eso puede explicar por qué me siento desanimada. Si ese fuera el caso, se revelaría la existencia de creencias profanas—mi valor está ligado a lo que hago o si no reconocen mi buen trabajo, entonces no fue tan bueno—lo que demostraría que dependo de las opiniones de los demás para sentirme validada. En este escenario, mis creencias profanas habrían sido reveladas por mis emociones.

Dios creó a las emociones. Las emociones son buenas. Sin embargo, debemos permitirles que nos lleven a Dios para lograr la revelación y no hacia nuestro interior para garantizar la derrota.

Quizás necesitemos de la opinión de otra persona para ver esas mentiras que creemos. Dictaminé ser introvertida como parte de mi identidad. Vi que así me había creado Dios. Un amigo me desafió a mirar eso como una creencia profana. No acepté la corrección en ese momento, pero luego vi la verdad.

Parte de mi introversión tenía que ver la autoprotección. Tenía temor porque ya había sido rechazada. Pero la realidad es que soy sociable. Cuando cambié la declaración sobre mi identidad y renuncié a las mentiras que la crearon, me hizo más libre para amar a los demás.

Desperdiciamos la oportunidad si no formamos parte de un cuerpo de creyentes con pensamientos similares, relacionándonos con aquellas personas quienes pueden exponer las deficiencias de nuestro pensamiento. La Biblia nos dice "adviértanse unos a otros todos los días" para que nadie "sea engañado por el pecado"[2]. Estamos llamados a dejar el orgullo de lado y permitir que los demás nos pongan a prueba para que podamos crecer. Es muy bueno darse cuenta que uno no es perfecto. Es allí cuando pueden producirse el cambio y el crecimiento.

El rol de la interpretación

El modo en que interpretamos y reaccionamos ante los hechos de la vida determinará el grado de libertad con que vivimos. Debemos aprender a interpretar nuestras circunstancias iluminados por el amor y las promesas de Dios, así como por la presencia de Dios en otras personas.

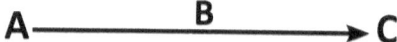

En el gráfico anterior, hay una flecha que apunta desde la A hacia la C. La A representa una experiencia y la C nuestra respuesta a ese hecho. Creemos que A naturalmente nos lleva a C. No somos conscientes de que hay algo más entre nuestra experiencia y nuestra respuesta. No estamos al tanto de la influencia de B. La B viene después de la A en el alfabeto, así como hay algo que tiene lugar en nuestras vidas después de un hecho pero antes de nuestra respuesta. La B es nuestra interpretación.

> *El modo en que interpretamos y reaccionamos ante los hechos de la vida determinará el grado de libertad con que vivimos.*

Si alguien me cierra el paso en una autopista e inmediatamente me enfado, esa reacción puede parecer lógica y natural. Pero desconozco que he interpuesto mi interpretación entre esa acción y mi respuesta. Creo que *debo* estar enfadada con esa persona por interrumpirme el paso porque tengo el derecho sobre esa autopista o porque Dios quiere que llegue a mi destino para poder ministrar. Sin embargo, esas interpretaciones son el reflejo de creencias profanas.

¿Alguna vez has estado en la fila rápida del supermercado y has tenido a una persona adelante con el doble de artículos permitidos—que verificó los precios... y usó cupones? ¿Te sentiste frustrado? ¿Tuviste una o más de las siguientes interpretaciones?

- Esa persona es irrespetuosa, desconsidera e insensata.
- ¡Es lógico esperar que una fila rápida avance rápidamente!
- Mi tiempo es más valioso que el de los demás: tengo una reunión importante a la que asistir.
- El cajero no está haciendo su trabajo.
- Esta persona me está haciendo llegar tarde. Debo tomar el control e intervenir porque esa persona está interfiriendo con mi necesidad de llegar a horario.

¿Podemos crear interpretaciones diferentes en B y cambiar nuestra respuesta ante esa situación?

- Dios, Tú estás a cargo de mi día y te entrego mi tiempo.
- Puedo usar este momento para orar en lugar de ponerme nervioso (¡sonríe!).
- Me has pedido que les confiera a los demás más importancia que a mí mismo.
- Me estás mostrando cómo planificar mejor.
- Dios, Tú puedes abrir mi corazón para que vea las necesidades de esta mujer.

Cuando Dios abre tu corazón para que veas las necesidades de esa mujer, puedes convertir tu nueva interpretación en una oración. Sí, Dios, veo que es un ama de casa agobiada que necesita Tu presencia y Tu paz. ¿Enviarás a alguien para que le demuestre afecto y la ayude en el día de hoy?... Oh quizás, ¿quieres que lo haga yo? Sí, dejaré de lado mi agenda y mi criticismo; voy a acercarme a ella... ¡Ahora tu respuesta es completamente diferente!

Si mi médico me diagnostica cáncer, ese hecho sería A (mi experiencia). Sin tomar una decisión consciente, me siento llena de temor. El temor es C (mi respuesta). El temor surge como respuesta no del hecho, sino de B, mi interpretación del mismo. Recibo un diagnóstico y mi interpretación dice que ese diagnóstico es la verdad. También me dice que casi todas las personas mueren si padecen cáncer. Concluyo con que voy a morir de cáncer y continúo ese espiral descendente con otras creencias profanas: *Dios ya no me ama; Él debe estar castigándome; seguro hice algo mal.*

Nos creemos muchas mentiras terribles y condenatorias que nos colocan en un lugar aterrador. Entonces vivimos en C, nuestra respuesta al temor. ¿Pero qué sucede si elijo con determinación cómo interpretar el hecho? Puedo rever las promesas incluidas en la Palabra de Dios, las cuales dicen que Él tiene un futuro y una esperanza para mí[3]. Puedo aceptar ese hecho como una oportunidad para que Dios obre algo bueno en mi vida, aunque parezca perjudicial en ese momento. Luego mi respuesta, mi letra C, no será el temor, sino la expectativa y la esperanza.

A menudo interpretamos los hechos como una ofensa hacia nuestra persona y creemos lo peor de nosotros mismos, de otra persona o de Dios. Es necesario que interpretemos nuestros problemas de forma diferente. Si sólo examináramos nuestra vida mental, no llegaríamos tan rápido a C. Si antepusiéramos a Dios en B (nuestra interpretación), entonces C (nuestra respuesta) se transformaría. Podríamos estar llenos de fe, expectativa y gozo mientras esperamos.

Dios le dijo a Graham Cooke que iba a llevarlo hacia otro nivel de gozo. Eso sucedió antes de que le diagnosticaran una enfermedad grave y dolorosa. Cuando Graham depositó su confianza en Dios incluso frente a la adversidad, ¡Dios lo llevó hacia otro nivel de gozo! Podemos focalizarnos en aquellas verdades que nos demuestran que, más allá de las circunstancias, Dios siempre cumplirá sus propósitos (que siempre son buenos), y que nuestros problemas son trampolines hacia la victoria. Graham Cooke nos recuerda que nuestros conflictos siempre están ligados a una promesa y la provisión[4]. Si interpretáramos nuestros problemas de manera diferente y los recibiéramos como amigos, dice Santiago[5], nuestra respuesta no estaría tan cargada de emociones negativas.

Permitir que los demás sean diferentes

En una conferencia, escuché a Francis Frangipane decir algo que me quedó grabado durante años: "Creemos que somos equilibrados porque estamos parados en medio de lo que ya conocemos". No soy Dios y poseo apenas un pequeño porcentaje de entendimiento. El nivel de conocimiento y entendimiento que se puede lograr es infinito—aquel que tiene **Dios**. Mi experiencia y entendimiento son finitos (y minúsculos), y cuando me paro en medio de ellos, creo que soy buena. Creo que soy equilibrada. Creo que tengo razón. Creo que estoy por el buen camino. (Parece que siempre pensamos que el equilibrio es algo bueno. Pero, en lo personal, me pregunto qué pensará Dios al respecto. Quizás quiere que nos acerquemos un poco más a la orilla).

Nos aferramos a nuestra porción de verdad e intentamos caminar en una línea recta. Entonces, normalmente queremos que los demás sean como nosotros y vean la realidad a nuestro modo. Es importante expandir los horizontes y comprender que hay mucho más allí afuera. Tener a otras personas en nuestras vidas nos trae grandes beneficios. Si sólo nos asociamos con aquellas personas que son como nosotros, nuestro mundo se tornará cada vez más pequeño. ¡Pero esto a veces es difícil porque nos cuesta llevarnos bien con quienes son diferentes a nosotros!

La primera verdad que debo tener bien clara en mi mente, mientras sigo parada en medio de lo que conozco, es que ¡lo diferente no es erróneo! Cuando era adolescente, mi hijo me regaló un llavero. Él y yo fuimos los únicos que creímos que aquello era gracioso. El llavero tenía una inscripción que decía: "¡No soy testaruda, simplemente siempre tengo razón! Eso me describía tal cual era.

Debo decirte que estoy bastante abierta al aprendizaje, por eso he llegado a ser quien soy ahora, en lugar de seguir siendo lo que era antes.

También es cierto que sostengo firmemente mis opiniones. Pero si me paro en medio de lo que conozco y creo tener la certeza de estar equilibrada, concluiré erróneamente que lo natural es que entonces tenga razón. Si no recibo correcciones o comentarios, o si no expando mi horizonte, ¡puedo llegar a la conclusión de que todos los demás están equivocados! En esa etapa de mi vida, no tenía a nadie en mi vida que me presentara un desafío. ¡Muchas veces tenía razón, pero yo creía que la tenía siempre!

Debemos saber cuán importante es aceptar que los demás sean diferentes. Cuando era una persona testaruda, no veía las cosas de ese modo.

Mi esposo, Gary, es una persona sanguínea. Cuando íbamos juntos al supermercado, sus charlas con los cajeros me avergonzaban. Mi opinión era que si no íbamos a volver a ver a esa persona ni a establecer una relación, no debíamos perder mi tiempo ni el suyo en una pequeña charla. La finalidad era simplemente terminar la compra.

Pero Gary siempre decía: "Hola Sally, ¿cómo estás? ¿Qué tal el clima? ¿Cómo estuvo tu día? Oh, muchas gracias. Que tengas un buen día". No sé por qué, pero todo aquello me parecía bien inapropiado. Ahora comprendo la necesidad de llevar la presencia de Dios a donde voy y cambiar el entorno en el que me encuentro, pero en ese momento, era bastante terca con mi idea de que en el supermercado sólo debíamos hacer lo necesario. En esa época, realmente me avergonzaba y lo único que quería era escapar (aferrándome a mi identidad de introvertida).

Quería controlar la conducta de Gary y decirle que no debía actuar de aquel modo. **Pero él simplemente era diferente.** Pensé que, como era distinto a mí, ¡estaba equivocado! Necesitaba cambiar mi mentalidad y mi sistema de creencias. No necesariamente tenía la razón, sólo estaba parada en medio de lo que ya conocía. Por su parte, Gary empezó a ir de compras solo. ¿No es de sorprenderse, no?

Permite que los demás sean diferentes. No tienes la verdad absoluta, simplemente estás parado en medio de lo que ya conoces. Dios nos ha dado diferentes historias, dones y personalidades para que cada uno de nosotros complete una pieza del rompecabezas. Permítete también a ti mismo ser diferente. No fuiste creado para ser otra persona, ni para llevar a cabo las tareas asignadas a otros. Dios dice que cada uno de nosotros es como una "vasija" única que alberga **Su** poder sublime e incomparable[6].

El enfoque equivocado

Francis Frangipane ha escrito: "Hay un demonio cuyo objetivo es tentar nuestra mente hacia el infierno. Su nombre es "enfoque equivocado"[7]. Además, declara que su propósito es producir enfermedades mentales. ¿Alguna vez sentiste que te estabas volviendo loco, completamente loco? Quizás era que estabas focalizándote en algo equivocado.

> Pensé que, como era distinto a mí, ¡estaba equivocado! Necesitaba cambiar mi mentalidad y mi sistema de creencias. No necesariamente tenía la razón, sólo estaba parada en medio de lo que ya conocía.

Siempre me concentré en asumir que: todo es mi responsabilidad, debo tomar la decisión correcta, no voy a poder tomar la decisión correcta, nadie nunca me ayuda, no puedo hacer las cosas bien. Sentía que estaba enloqueciendo con toda esa falsa responsabilidad. Cuando nos focalizamos en nuestros problemas, en nuestra propia deficiencia o en las deficiencias de otra persona, nuestras mentes siempre serán atraídas hacia el infierno. Francis Frangipane les escribió esto a sus intercesores para que no se concentraran demasiado en lo demoníaco, pero creo que también puede aplicarse en este caso.

Otro enfoque equivocado es la ingratitud. La ingratitud puede ser un pecado de incredulidad, rencor u orgullo, pero sin duda es un enfoque equivocado. Confiésalo como pecado. Cuando nos concentramos en lo que no tenemos, somos ingratos. La Biblia dice que debemos ser agradecidos en todas las circunstancias[8].

Cuando somos ingratos, somos derrotados en nuestros esquemas mentales y no actuamos como los vencedores que realmente somos. Cambia tu actitud. Agradécele a Dios todo lo que tienes. Agradécele por ser quien Él es. Busca la promesa que va de la mano con tu problema. Ten en cuenta que el corazón de Dios es redimir cada uno de los problemas que el enemigo interpone en tu camino y arroja para derrotarte. Transforma tu mente, cree que Dios sólo tiene buenos dádivas para dar, y recíbelos. Nuestros problemas surgieron después del pecado original, pero Dios ya tenía en marcha Su plan de redención. Agradécele por Sus buenos planes.

El concepto de la espera

No debemos ponernos impacientes con Dios, pedirle que cumpla nuestra voluntad en el momento que nosotros queremos, y esperar que eso suceda. Observa las mujeres de la Biblia que deseaban tener hijos: Sara, Ana y Elisabet. Ellas esperaron. Y sí, Ana se angustiaba tanto con el deseo de tener un hijo, que el sacerdote pensaba que estaba ebria[9].

Experimentar emociones es aceptable. Pero nunca habrás leído que Ana estaba decepcionada con Dios o se manifestó en contra de Él porque no le había dado lo que le pidió. Lo mismo sucede con Elisabet y Sara.

Sin embargo, mira el ejemplo de Noemí en el libro de Rut. Ella regresó a Israel y les indicó a las personas que no la llamaran Noemí, que significa placentera, sino que la llamen Mara. Mara significa amarga, y Noemí decía que Dios se había encargado de ella con traición y amargura. Lo acusaba a Dios de traerle desdicha[10]. Insinuaba que permanecería muy indignada con Dios por el resto de su vida dada las circunstancias que Él permitió en su vida. Así lo acusó: perdí a mi esposo, perdí a mis hijos, Dios no ha sido bueno conmigo. Vivió con rencor durante muchos años.

Lo peculiar es que el plan de Dios siguió siendo el mismo, jamás lo cambió a causa del rencor de Noemí. Su nuera se casó con Booz y fue nombrada en la línea ancestral de Jesús. Finalmente, Noemí fue abuela; gozó de grandes riquezas y parentescos. ¿Pero cuántos años derrochó Noemí con ese rencor en su corazón, con esa ira en contra de Dios, entorpeciendo su relación con Él? Podría haber vivido alegremente con la verdad y la realidad mientras esperaba, confiaba y descansaba.

Espera. Espera, sabiendo que Dios es bondadoso. No malgastes tus años con rencor y/o ahogándote en la autocompasión.

Nuestra identidad

Nuestros sistemas de creencias profanas se ven reflejados en lo que pensamos de nosotros mismos. Normalmente, no nos vemos como nos ve Jesús, ni tenemos una opinión oportuna sobre quienes somos. Debemos escribir nuevas declaraciones de identidad. (Ver Capítulo 7). Recuerda, nuestras fortalezas y debilidades son dos lados de la misma moneda. Busca en tu espíritu y en los espíritus de los demás, y convoca lo verdadero. No refuerces tu conducta negativa mediante creencias y juicios profanos.

Cuando vemos una aparente deficiencia en nuestras vidas o en las vidas de los demás, debemos comenzar a contarnos la verdad a nosotros mismos. Si te han dicho autoritario, di algo como: "No, no soy autoritario, tengo grandes ideas. Soy servicial y entusiasta". Saca a la luz a aquellas cualidades del carácter que Jesús posee a través tuyo, cualidades que son tu verdadera naturaleza. Quizás parezcas despistado, pero fuiste creado para ser creativo. Quizás te comportes de una forma pasiva, pero Dios te dio el corazón para procurar la paz.

Siempre hay algo bueno que convocar en tu espíritu, incluso cuando sólo ves el lado negativo. Si te han llamado rebelde, proclama la verdad: soy hijo de Dios. El enemigo quiere que te observes a ti mismo y a los demás bajo una luz muy negativa. No caigas en esa trampa. Encuentra lo íntegro, lo bondadoso y lo mejor que hay en ti y en las otras personas, y luego convócalo.

Nos juzgues las conductas o motivaciones. Asume la responsabilidad de tus propias elecciones, no de las elecciones de los demás. No tenemos derecho a violar los límites de otra persona. Somos responsables de nuestra propia mente, voluntad y emociones. No tenemos nada que hacer en aquello que pertenece a la vida de otra persona, ni podemos asumir que sabemos lo que esa persona piensa o cuáles son sus motivaciones. "No me hablaste porque estabas enojado conmigo, querías lastimarme. Lo hiciste porque sólo piensas en ti y en tu felicidad". Casos como este normalmente son creencias y juicios profanos, ¡y no te conciernen!

Pasos hacia la Victoria

❖ ¿Quieres cambiar tus experiencias y traer la presencia de Dios a tu entorno? Déjate transformar al renovar tu mente y tus sistemas de creencias.

❖ Pídele a Dios que te muestre tus creencias profanas o sistemas de creencia equivocados. Para obtener ayuda, mira los ejemplos de creencias bíblicas enumerados después de la oración que aparece debajo.

❖ Mediante la oración, confiesa y renuncia a tus creencias profanas y reemplázalas por creencias bíblicas. Usa la siguiente oración como guía.

ORACIÓN PARA RENOVAR TU MENTE

- Confieso que he pecado al creer la mentira de que_____.
- Perdono a quienes inspiraron esto, me hicieron creerlo o que fueron responsables de las circunstancias que me llevaron a formar una creencia profana. Perdono específicamente a_____ por_____, que me hizo sentir _____ y me costó _____.
- Señor, perdóname por aceptar esta creencia profana, por vivir mi vida basándome en ella, y por todas las formas en que he juzgado a los demás debido a eso.
- Recibo Tu perdón, y me perdono a mí mismo por creer esta mentira.
- Renuncio a esta creencia profana y anulo mi acuerdo con ella. DETENTE para formular una creencia bíblica.
- Ahora elijo creer que _____.

(Esta oración ha sido adaptada de *Restoring the Foundations (Segunda Edición)*. Se utiliza con permiso. www.RestoringTheFoundations.org.)

Las creencias bíblicas deben ser breves, atenerse al problema principal, usar lenguaje positivo y no ser tan *espirituales* como para quedar en tu cabeza pero no penetrar en tu corazón. Tienen que ser relevantes y creíbles. Es importante meditar sobre tus creencias bíblicas como mínimo durante treinta días para poder internalizarlas. ¡Tienen que estar grabadas en tu corazón, no sólo escritas sobre un papel! Acude a las Escrituras y busca otras formas en que Dios confirma esas creencias bíblicas en tu espíritu.

EJEMPLOS DE CREENCIAS BÍBLICAS

Los siguientes ejemplos fueron todos extraídos de situaciones ministeriales reales. Cada creencia bíblica trata una creencia profana específica y no es una declaración doctrinal. Pueden o no reflejar una creencia bíblica que particularmente necesitas recibir.

- A medida que profundizo mi relación con Dios, experimentaré Su amor cada vez en mayor medida. Elijo creer y *recibir* el amor de Dios, por eso no limito mi experiencia de ello.
- Está bien si me equivoco. Cuando soy débil, le permito a Dios demostrar Su poder.
- Tengo la capacidad y me doy el permiso de negarme a permitir que las demandas de los demás controlen mis conductas y emociones.
- Soy parte de la familia de Dios. Soy hijo de Dios y tengo su herencia. Siempre me amará y estará allí para guiarme, apoyarme y cuidarme.
- Dios tiene la intención de que la vida sea una aventura, no una carga. Él me dará lo que necesite todos los días. Lo buscaré en cada detalle de mi día, proclamaré y encontraré Su presencia y provisión.
- Permitiré que **Dios** haga que mi esposo mantenga sus compromisos y se haga responsable de las consecuencias. Puedo confiar en que Dios me guiará y me mantendrá a salvo.
- Dios es mi fanático número uno.
- Confiaré en Dios y honraré a quienes tienen autoridad sobre mí.
- El descanso y la diversión son necesarios y forman parte de mi vida porque así Dios lo dispuso. Él descansó al séptimo día. Me divertiré con Dios y gozaré de Su aprobación sobre mi persona.
- Dios me ama. Soy Su elegido, Su amado. Él danza y canta alegremente

sobre mí. No puedo hacer nada para detener Su amor. Él siempre ha estado presente en mi vida.

- Nada de lo que haga puede lograr que Dios me ame menos. Nada de lo que haga puede lograr que me ame más. Ya le agrado a Dios. Dios desea que lo sirva desde un corazón lleno de amor, no como una obligación. Él desea que prevalezca nuestra relación más que los resultados.

- Dios es superior a mí. Mi pasado e incluso mis malas elecciones han sido precursores de mis buenas elecciones. Elegiré creer en Dios y en Su amor. Confiaré en que resolverá todo para traer el bien en mi vida.

- Soy parte de la familia de Dios. Él me creó y, por lo tanto, le pertenezco. Su propósito es incluirme. Soy una pieza del rompecabezas que nadie puede reemplazar. Soy la única persona calificada para ocupar ese lugar.

- Lloraré mis pérdidas. Dios es fiel a su naturaleza. Los mejores años están por llegar.

- Si mi objetivo oculto es lograr la paz para mí mismo, entonces intentar lograr que los demás sean felices puede ser un acto de control y manipulación.

- Pediré y recibiré consejería bíblica. Puedo escuchar de Dios y aprenderé a seguir Su voz.

- Soy más que vencedor. Terminaré bien.

- Cambiaré mi enfoque y mi perspectiva mientras vivo una vida de gratitud y devoción, y aprendo a encontrar a Dios en todas mis circunstancias.

- Jesús me permitió comenzar de cero y ahora todo es como nuevo. Su muerte para mí es más que suficiente y Su vida en mi interior es el poder que necesito para lograr ser todo aquello para lo que Él me creó.

- Soy miembro de la realeza. Dios desea fervientemente que viva conforme a la plenitud de mi herencia.

- Mis emociones son buenas y no necesito luchar contra lo que siento. Tengo la libertad de experimentar las emociones sin protegerme de ellas. Acepto y recibo mi parte emocional, y confío en que Dios la controlará por medio de Su Espíritu.

- Dios es tan grande que cuando me equivoco, sonríe y se encarga de encaminar todo para mi bien. Estoy buscando tener una relación con Él, más que intentar no cometer errores.

- Sostendré todo lo que me pertenece con una mano abierta, sabiendo que Dios es el verdadero dueño y autor.

- Permitiré que los demás conozcan mi verdadero ser. Me sentaré sobre la falda de Dios y le permitiré que me apoye.

- Mi opinión vale. Tengo voz y voto. Puedo elegir ser yo mismo incluso cuando los demás no están de acuerdo.

- Tengo ideas y opiniones valiosas. Dejaré que el mundo tenga el placer de escucharlas y de conocerme.

- Puedo desligarme de mi rol como "la persona que todo lo arregla". Me liberaré de mis expectativas y de mi deseo de presionar a los demás para que hagan las cosas a mi modo, o que satisfagan mis necesidades.

- Cuando dos personas están en desacuerdo, podemos escuchar a cada uno de sus corazones.

- Dios llenará mis espacios vacíos. Me consolará y me alentará. Él está siempre disponible y es sumamente confiable. Correré a Sus brazos cuando la vida se torne muy difícil.

- Soy una reina, una princesa, un tesoro, un encanto, una persona altamente favorecida, elegida, la esposa de Dios. Tengo un propósito diario y un destino de realeza.

- La esperanza de Dios nunca decepciona. Su amor nunca termina. Confiaré en Dios, no en los hechos o en los resultados.
- El amor de Dios es incondicional.

> *Jesús me permitió comenzar de cero y ahora todo es como nuevo. Su muerte para mí es más que suficiente y Su vida en mi interior es el poder que necesito para lograr ser todo aquello para lo que Él me creó.*

- Vale la pena conocerme. Puedo abrirme y ser vulnerable. Cuando intento protegerme, me aíslo de las bendiciones y del amor que Dios y otras personas quieren verter en mi vida. Es un riesgo que vale la pena tomar.
- Permitiré que Dios sea suficiente para mí, y creeré que Él siempre estará presente y me brindará todo lo que necesito. Cuando sienta alguna falta, confiaré en Dios y me rehusaré a que el enemigo me derrote al cumplir mis deseos de manera egocéntrica por mi propia cuenta.
- Veré cómo puedo ser una bendición para los demás, independientemente de cómo me vean, o qué reciba yo de ellos. Mi vida proviene de Dios y es para Dios. Haré que mi objetivo sea conocerlo y complacerlo por sobre todas las cosas.
- Soy capaz de responsabilizarme por mi parte en un conflicto, por más grande o pequeña que me parezca. Aunque sea sólo un diez por ciento responsable o culpable, cuando admito o confieso mi error, puedo cambiar el entorno.
- Dios me ha prometido equiparme y fortalecerme. Accederé a todo el poder de Dios dentro mío. Todo lo que Él es, también lo soy yo.
- Mi valor está seguro en los ojos y en el corazón de Dios.

Capítulo quince
EL TEMOR

Un día que jamás olvidaré, recibí la llamada telefónica más temida: "¡Su hijo tuvo un accidente automovilístico!" Nuestro hijo, Greg, y su pasajero fueron trasladados en helicóptero de Life Flight al hospital principal del centro de Houston. Mi esposo y yo llegamos lo más rápido que pudimos. Allí vimos a nuestro hijo en la sala de emergencias, esperando ser operado por una fractura compuesta en una de sus piernas.

Un policía se acercó y comenzó a interrogar a mi hijo y a pedirle más detalles. Greg le respondió y luego el oficial compartió lo que él había visto y oído. Como viajaba cerca de Greg, pudo ver todo el accidente. Aparentemente, mi hijo condujo imprudentemente y ocasionó el accidente. El policía dijo: "Es viernes, no voy a presentar mi informe hasta el lunes. Si tu pasajero muere, irás a prisión". Mi corazón estaba destrozado. Me lo imaginaba en la cárcel, viviendo las atrocidades que allí ocurren. Su pasajero estuvo debatiéndose entre la vida y la muerte por muchos días.

Creo que Dios me había preparado para lo que sucedió. Ya había estado orando por mis hijos varones cuando ambos estaban en la escuela secundaria. Sentía que atravesarían un momento difícil, y Dios me había llamado a hacer un ayuno extendido. Estuve casi tres semanas en temporada de ayuno. Por eso, cuando ocurrió el accidente, sabía que Dios estaba de algún modo en medio de aquello, aunque no parecía ser el caso.

El trauma y el temor querían invadir mi vida. En especial durante esa primera semana, me despertaba en el medio de la noche totalmente aterrada, con el pecho explotando de pánico. Como normalmente sucede cuando nos despertamos de un sueño profundo, me sentía muy confundida. Luego recordaba el motivo de mi temor.

Comencé a elegir mi respuesta, proclamando: "*¡Un momento! Yo no voy a vivir mi vida de esta forma*". Reconocí al diablo y grité: "¡Me niego! Jamás he sido una persona temerosa y elijo no serlo nunca". Clavé una estaca en el suelo y rechacé al temor.

¿Qué es lo que hicieron mis emociones? ¿Aún había emociones relacionadas con el temor? ¡Por supuesto! Puedes tener **cualquier** emoción, no te condenes por ellas, pero pon tu rostro como un pedernal. Di que no. No tienes por qué someterte o vivir de acuerdo a tus emociones. Las emociones son la cola del tren, mientras que la fe es lo que mueve a ese tren. Ponte de pie y declara: "Jamás seré removido". Cree en Dios y confía en Su Palabra.

> No tienes por qué someterte o vivir de acuerdo a tus emociones.

Dios muchas veces me habla a través de canciones. Esta canción estaba en mi reproductor de CD en el momento del accidente:

"Vivir aquí me ha causado dolor,

Cosas que no puedo comprender.

Debo recordar tu fidelidad

Y a las misericordias de Tu mano[1]*"*

No veía exactamente la misericordia, pero declaré que si Dios no hubiera estado allí, las cosas habrían sido muy diferentes.

"Cuando ya está todo dicho y hecho,
Y no queda nada más para decir,
La cruz de Cristo es suficiente para probar
Que eres bueno" [2]. *(énfasis agregado)*

Permitamos que toda la bondad y el amor de Dios penetren en el interior de nuestros seres, ahuyentando cada *temor* y *enfoque* humano. "El amor perfecto echa fuera el temor" (1 Juan 4:18). Hagámosle frente y opongámonos a la destrucción que el enemigo quiere generar en nuestras almas. Somos llamados a batallar. Digámosle no al enemigo y mantengámonos firmes.

"Tu misericordia, Señor, ha perforado mi corazón
Me hace poner de rodillas
*Con temor reverente **confiaré** en tus modos*
Y te alabaré a Tus pies" [3]. *(énfasis agregado)*

Siempre que tomemos la decisión de confiar y entregarnos, podemos hallar el descanso en el amor de Dios. Una vez escuché (y creo que es cierto) que hay sólo dos fuentes o factores motivacionales en nuestras vidas: el temor y el amor. Son opuestos entre sí, en parte como los dos árboles descritos en el capítulo ocho. O estás debajo del árbol de la carne o debajo del árbol de la vida eterna. El árbol de la carne también se conoce como el árbol del *ego*.

> Permitamos que toda la bondad y el amor de
> Dios penetren en el interior de nuestros seres,
> ahuyentando cada temor y enfoque humano.

Si estás motivado y regido por el temor, te encuentras debajo del árbol de la carne—del *ego*. El temor es equivalente al yo. Cuando tengo miedo, pienso en mí y en lo que es mío. Cuando reposo debajo del árbol de la vida eterna, estoy focalizado en Dios y en Su vida.

Si amo mucho a mis hijos, puedo estar segura de que Dios los ama más. Puedo declarar que son **Suyos** y confiar que están bajo Su cuidado. Cuando estoy centrado y guiado por el Espíritu, la comprensión y la experiencia del amor perfecto de Dios ahuyentarán mis temores. Descanso debajo del árbol de la vida eterna con el amor de Dios como mi fuente y mi seguridad.

Sentir emociones está bien. Dios preparó nuestros cuerpos para reaccionar ante el peligro. Cuando afrontamos una amenaza, la adrenalina se dispara y estamos listos para luchar o huir. Sin embargo, cuando cesa la amenaza inmediata, debemos elegir cómo vamos a **vivir**. Elige descansar en el amor de Dios. ¿Quién sabe cuánto tiempo pasará hasta que las emociones queden relegadas a un segundo plano, inferior al amor de Dios? No eres responsable de tus emociones: eres responsable de tus elecciones. Elige descansar en Su amor.

Reproduje esa canción una y otra vez, demandándoles a mis emociones que se rindieran. Me planté decididamente y proclamé "Voy a creer". Usé la energía de la adrenalina para darle batalla al enemigo y para orar. A lo largo del tiempo logré la victoria y el temor fue derrotado. El pasajero se recuperó y mi hijo fortaleció su fe.

*Cuando cesa la amenaza inmediata, debemos elegir cómo vamos a **vivir**.*

Pasos hacia la Victoria

❖ Si es tu caso, arrepiéntete por haber aceptado el espíritu del temor. Recibe el amor perfecto de Dios.

❖ Pídele a Dios que te ayude a *cambiar tu enfoque* del temor a la fe.

❖ Determina que no permitirás que las circunstancias te hagan dudar del amor, de la bondad y del poder de Dios.

❖ Cuando se produzcan circunstancias aterradoras, dile a Dios cómo te sientes exactamente. A continuación declara quién es Dios para ti en ese momento (tu Protector, tu Proveedor, tu Sanador, tu Fuerza, tu Seguridad, tu Salvador). Disponte a recordar qué ha hecho Dios por ti en el pasado.

Capítulo dieciséis
LA INCREDULIDAD

Mi hija y yo fuimos las únicas de la familia que elegimos posarnos debajo de la bulliciosa catarata durante nuestras vacaciones en Yosemite. Los demás no querían mojarse. Pero yo nunca olvidaré la experiencia de literalmente quedarme sin aire. Amar a Jesús es algo así. Hay momentos en Su presencia que nos dejan sin aliento. Y otros en los que sé que no puedo respirar sin Él, que no puedo vivir. Creo que eso es la fe.

¿Qué es la incredulidad? No creo que simplemente sea no confiar en que Jesús como mi propio Salvador. Como cristianos, ciertamente creemos y somos salvos, pero el espíritu de la incredulidad puede seguir operando en nuestras vidas. ¿Qué forma adopta la incredulidad? Éxodo dice que como Dios camina con nosotros, somos diferentes de los demás pueblos de la tierra[1]. Deseo que mi fe se renueve al saber que Dios va a estar junto a mí en cada circunstancia. No quiero ir a ningún lado sin tener una relación de intimidad con Dios. Cuando podemos decir: "Jesús, eres todo lo que tengo, eres todo lo que quiero", eso, para mí, es la fe. No podremos tener esa **relación** si vivimos en la incredulidad.

Cuando falleció mi primer esposo, quería refugiarme en la botella de vino y ahogar mis penas. Fue el legalismo lo único que evitó que cayera en lo que creo habría sido un callejón sin salida . "Esto es horrible", protestaba. "Estoy entre la espada y la pared". Es algo similar a lo que Pedro dijo cuando Jesús, habiendo sido abandonado por Sus seguidores, les preguntó a los Doce: "¿También ustedes quieren marcharse?" Pedro respondió con una pregunta suya: "¿A quién iremos?"[2]

Descubrí que no tenía lugar a donde ir, ni nadie a quien aferrarme excepto Jesús. Me sentía atrapada. Por suerte, estaba atrapada allí. Quería escapar, sanar mis heridas y enojarme tanto con Dios como lo estaba Jonás por no hacer lo que él quería[3]. Afortunadamente, estaba atrapada en la convicción de que no podría encontrar vida y alegría en ningún otro lugar que no fuera Jesús. En realidad, tenemos la necesidad de tener una relación íntima con Dios. Creo que eso es la verdadera fe: la intimidad, nuestra confianza reflejada en una relación íntima.

Analizamos la palabra "creencia" y también la llamamos lealtad o fe. ¿Entonces, la incredulidad es también un tipo de infidelidad? ¿Acaso no es la incredulidad como el cónyuge que va detrás de un amante? Si vivimos por la fe y tenemos una relación de pacto con Dios, ¿no somos como el cónyuge desleal cuando no confiamos en Él? ¿Cuándo todo gira en torno de nosotros? ¿Cuándo tenemos que hacer las cosas a nuestra manera?

Cuando vemos la puerta abierta de la incredulidad, pensamos en cosas como las personas de doble ánimo, tememos equivocarnos, dudamos o desconfiamos. Si temo equivocarme, ¿no es ese un indicio de que yo soy la fuente? Si se supone que no debo ser la fuente, entonces ¡qué importa si me equivoco! Si soy yo la que debo tener el control, entonces ¿sigo viviendo por la *fe*?

Ocupar el lugar del Espíritu Santo es un indicio de incredulidad y demuestra que no sentimos que Dios es lo suficientemente grande como para ocuparse de todos los detalles de nuestras vidas y aquellas de nuestros seres queridos. Debemos poder confiar en el amor de Dios y en Su grandeza, y caminar íntimamente junto a Él, teniéndolo como el centro, como la fuente.

Santiago dice que el hombre indeciso no recibirá cosa alguna del Señor[4]. A menudo malinterpretamos este versículo diciendo: "¡No debes ser indeciso o Dios no te dará nada!" ¡No es eso lo que dice! Dice que no debemos esperar recibir nada, pero no porque el corazón o la mano de Dios estén cerradas. No podemos recibir nada porque estamos parados en la dirección equivocada.

> *¿Acaso no es la incredulidad como el cónyuge que va detrás de un amante?*

Una traducción hace referencia al concepto de "indeciso" como "dos almas". Tu alma está compuesta por tu mente, tu voluntad y tus emociones. Si eres una persona con dos almas, estás intentando funcionar desde dos áreas conflictivas de tu alma al mismo tiempo. En español, la frase también se traduce como "doble ánimo". "Ánimo" puede hacer referencia a la fuente o a la energía. Cuando alguien está desanimado, los demás le dicen "¡ánimo!" para darle aliento en el espíritu, la fuente o al alma de esa persona.

Si tengo doble ánimo, opero desde dos fuentes. Tengo mi voluntad y a mi propio ser como fuente, y a la vez lucho por ver o rendirme a Dios como mi fuente. O pienso de una forma y siento de otra, pero no sé con cuál estar de acuerdo o en torno a cuál actuar. Giramos en círculos y nos aferramos, arrebatamos y deseamos. No es que Dios sea un gran peleador, esté enojado con nosotros o se niegue a darnos cosas. El problema es que no estamos en una posición correcta para recibirlas. Si respondemos con fe y determinamos no ser el centro o la fuente de nuestras vidas, ahí sí nos colocamos en una posición para recibir las bondades de Dios.

Dios tiene tanto amor para darnos, que es como la madre llena de leche que amamanta a sus hijos[5]. Leí ese versículo en mi tiempo devocional la primera noche que mi hijo más chico durmió de corrido. En ese momento, estaba leyendo mi Biblia con una toalla en el pecho. Estaba agonizando porque quería que mi bebé se despertara, me dejara amamantarlo y recibiera todo el amor, la alimentación y la leche que tenía para darle. Así es como Dios se siente con respecto a nosotros. Se siente agonizado hasta que recibimos lo que tiene para nosotros.

Te aliento, con entusiasmo, a que consideres tu compromiso nuevamente. **Ponte cara a cara con Dios y observa la forma en que te mira. Recibe la profundidad de Su amor.**

Dios es más grande que nosotros. Es más grande que todos nuestros mejores esfuerzos y también que nuestros fracasos. Si lo amamos y acudimos a Él en primer lugar, en Su soberanía, Él dispondrá todas las cosas para bien en nuestras vidas y mediante ellas.

Si respondemos con fe y determinamos no ser el centro o la fuente de nuestras vidas, ahí sí nos colocamos en una posición para recibir las bondades de Dios.

Recién unos años después de la muerte de mi primer esposo fue que aprendí a orar con fe y a experimentar el deseo y la capacidad milagrosa de Dios para sanar a las personas. Le pregunté: "¿Jim habría muerto si yo hubiera sabido lo que sé ahora?" No estaba rezongando. Quizás me estaba preguntando si su muerte en parte era mi culpa. ¿Podría haber hecho algo más? Adivina lo que Dios me respondió. Me dijo: **"Sabía lo que tú sabrías"**.

Dios nos dice lo mismo a todos nosotros: "Sé dónde estás, sé dónde has estado, y eso no me afecta. No tengo ningún problema contigo. Tu incapacidad no me agarra desprevenido". Debemos confiar en que Dios es grande, amoroso y bondadoso, ese es el Dios al que amamos y servimos. ¡Permite que Él sea más grande que tú! Eso es la fe, lo opuesto a la incredulidad.

Conserva tu relación de pacto, que dice que Dios te ha dado todo lo que Él es y todo lo que Él tiene. No seamos desleales a ese pacto. En nuestro compromiso con Él, Dios ya ha provisto todo por la relación. Nos convertimos en su increíble y fabulosa novia sin mancha. ¡Dios te desea y adora! ¡No debemos vivir con autosuficiencia, obstinación y egocentrismo, ni con temor, control o vergüenza! ¡Simplemente ámalo recíprocamente y permítele que sea Dios en tu vida!

Pasos hacia la Victoria

❖ ¿Cómo puedes permitir que Dios sea más grande que tú? Pídele que te muestre en qué momento no estás:

- Confiando en Él
- Buscando a Él en primer lugar
- Amándolo por sobre todas las cosas

❖ Entrégale tus remordimientos a Dios. ¿Qué sabes ahora que te gustaría haber sabido en el pasado? ¿Qué deseas haber hecho de una manera mejor o diferente? Cree que Él siempre estuvo al tanto de lo que conocerías en ese preciso momento. Él estaba presente y conoce Su capacidad de sacar lo mejor de las situaciones, incluso de tus errores y fracasos. En la oración de 2 Tesalonicenses 1:11, Pablo nos enseña a creer que **Dios**, con Su poder, cumplirá todos nuestros propósitos de bondad y todos los hechos impulsado por nuestra fe.

❖ ¡Responde al amor de Dios con más amor!

Capítulo diecisiete
SANAR LOS RECUERDOS

Sanar las heridas de nuestro pasado es posible. Ese es el deseo que Dios tiene en su corazón para nosotros. Él quiere sanar a aquellos que tienen el corazón quebrantado y el espíritu abatido[1]. Cuando venda nuestras heridas, es como si con Sus manos grandes, amorosas y amables sostuviera nuestros corazones fragmentados para sanarlos por completo. Él cura nuestros traumas y dolores. Dios no simplemente está interesado en nuestro espíritu, o en lo que podemos hacer por Él.

Dios restaura mi alma. Se interesa por mis emociones. Se preocupa por mi dolor y camina junto a mí hasta sanarme por completo. Me lleva cuando no puedo dar un paso más.

Dios sana de forma simple

La primera vez que Dios me sanó un recuerdo sucedió de forma muy simple y directa. Ya era adulta, y estaba sentada escuchando un servicio religioso de domingo en el que una mujer describía de qué forma Dios sana los recuerdos. "Pídele a Dios que te lleve a un recuerdo", indicó a toda la congregación. Dios inmediatamente puso una imagen en mi mente. Ya he mencionado que mi padre era alcohólico. Él solía venir a la mesa habiendo bebido mucho. A veces, era incapaz de sostener su cabeza para comer. La imagen que recibí fue la de mi familia sentada en la mesa y mi padre con su cabeza en el plato de comida. Me hizo revolver el estómago.

La siguiente instrucción fue: "Pídele a Dios que sane tu recuerdo". Entonces le pregunté: "¿Cómo quieres sanar este recuerdo?" Inmediatamente después, vi a Jesús parado detrás de mi padre, levantándole la cabeza. Esa imagen me impactó. Cambió las emociones de toda mi niñez, y la percepción que tenía de mi padre y de todo lo que atravesamos. Comunicó que Jesús estaba allí *por* mi padre, que lo respaldaba, que quería sostener la cabeza de mi padre cerca de Su corazón. Cada vez que miraba a mi padre sentado en su lugar para comer, veía a Jesús. Eso reforzó lo que Dios me había mostrado anteriormente: Jesús siempre había estado allí, proveyendo todo lo que yo requería de mi padre. En un momento, Él sanó el dolor que había impregnado mi niñez.

¿Por qué sanamos nuestros recuerdos?

Los recuerdos que no han sido sanados siguen generando dolor, incluso si no lo sentimos o identificamos. La literatura científica nos informa que nuestros recuerdos y traumas no son simplemente inmateriales: también son una parte física de nuestros cuerpos. Los recuerdos ocupan un lugar real en nuestra materia gris. Los recuerdos, las emociones y el dolor cambian nuestra estructura celular.

Basándose en esos datos, ahora muchos libros analizan las raíces espirituales de la enfermedad[2]. Las emociones y las enfermedades están interconectadas. Las emociones abarcan órganos específicos del cuerpo y alteran la estructura de nuestras células, lo que genera problemas en nuestros cuerpos y órganos. Cuando Jesús sana tu herida, no sólo te hace sentir mejor respecto de algo que sucedió en el pasado, sino que también cambia la estructura de las células de tu cuerpo.

Las heridas y los traumas del pasado están indeleblemente conectados a nuestras creencias profanas y a los patrones de hábitos nocivos o pecaminosos. Nos formamos creencias de que Dios no está allí para nosotros o de que no somos valiosos, y vivimos nuestras vidas basados en esas mentiras. Al sanar los recuerdos, Dios puede mostrarnos Su perspectiva y compartir

Su presencia dentro del recuerdo. Entonces podemos aferrarnos a la verdad en nuestras mentes y, a medida que lo hacemos, cambiaremos la forma en que vivimos la vida.

Me preocupa mucho ver gente *salva que va a ir al cielo* pero que aún ignora sus heridas y su dolor, como si sólo acudiendo a Jesús una persona estuviera de maravillas. Si no se nos ha enseñado cómo procesar nuestra tristeza y sanar nuestras heridas, el enemigo puede fortalecerse y promover nuestra derrota.

> *Los recuerdos que no han sido sanados siguen generando dolor, incluso si no lo sentimos o identificamos.*

En la película, *Dios no está muerto,* hay un intercambio fabuloso entre un joven universitario, que tiene que defender la premisa de que Dios no está muerto, y su profesor ateo. En la parte más conmovedora de la película, el estudiante le pregunta a su profesor resentido, crítico y condescendiente: "¿Qué te sucedió?" El joven no sabía que la madre cristiana del profesor había muerto cuando él era un niño pequeño, aunque él había orado fervientemente para que sobreviviera. No había encontrado la presencia de Dios en ese trauma, por lo que se alejó de Dios y optó por el ateísmo. La respuesta del profesor expresa su creencia de que la mayoría de los ateos fueron cristianos en algún momento. Eso es exactamente lo que sucede cuando no podemos procesar nuestros traumas y tristezas. Quizás no negamos a Dios, pero ciertamente sentiremos cómo se ve profundamente afectada nuestra confianza en Él.

Dios está por fuera del tiempo

Dios puede sanar los recuerdos en el momento exacto en que sucedieron. Él está por fuera del tiempo y ese factor no lo impide. Es eterno y no está limitado por el sistema temporal en el que nosotros vivimos mientras permanezcamos en nuestros cuerpos físicos. Como Él no actúa de acuerdo a nuestro sistema temporal, podemos volver en el Espíritu hasta el momento en que ocurrió el trauma y permitir que Dios nos haga conscientes de Su presencia en ese hecho mientras nos sana. Él es omnipresente. Lee Salmos 139 y convéncete de que Dios ha estado contigo en cada situación. Su mano derecha te ha sostenido siempre.

Los hechos no cambian. Si fuiste abusado de niño, o maltratado físicamente—o cualquier cosa que haya ocurrido en tu pasado—el hecho en sí no cambia. Pero lo que sí puede cambiar es tu percepción. Después de que Dios sanara el recuerdo que acabo de compartir, los sentimientos de disgusto y abandono fueron reemplazados por los de compasión y perdón. Esto no es "volver al futuro". No volvemos el tiempo atrás y cambiamos lo que pasó, porque eso también cambiaría el futuro.

Dios usa "disparadores" para llevarnos a los recuerdos específicos que quiere sanar

Como los patrones de hábitos muchas veces se originan a partir de nuestras experiencias, Dios sana un recuerdo para cambiar el modo en que actuamos. Él sana los recuerdos específicos, así como también aquellos recuerdos representativos. Si frecuentemente experimentas una emoción, actitud o acción que es nociva para tu espíritu, pregúntale a Dios si aquello está asociado a un hecho o trauma. Si no sabes por qué tienes una emoción, pensamiento o patrón de hábitos particular, y quieres que Dios te sane, pregúntale: "¿Por qué me siento así? ¿Quieres llevarme a un recuerdo para poder sanarlo?".

Se me viene a la mente otro recuerdo que Dios sanó. Estaba estresada y sobrecargada, no entendía por qué siempre me sentía tan agobiada. Eso fue un *disparador*. Me sentía muy abrumada y cargada de responsabilidades. Había sido criada de ese modo, por lo que trasladé esa conducta y esa actitud a mi adultez. Siempre era la que se hacía responsable.

Dios me llevó a este recuerdo: cuando estaba casada con mi primer esposo, fuimos en auto desde Indiana a Nueva York para pasar la Navidad en familia. Él había estado enfermo, pero en ese momento se encontraba estable. En el viaje a Nueva York, su salud empeoró notablemente. El día de Navidad, Jim estuvo presente en la entrega de regalos, pero no pudo terminar la cena. Quería bendecirme, por eso no me había contado lo mal que se sentía. Cuando no pudo terminar la cena, admitió que necesitaba ir al hospital.

> Dios sana un recuerdo para cambiar el modo en que actuamos.

Tuvimos que tomar un vuelo desde Nueva York a Cleveland, Ohio, que es donde estaba su especialista. Yo no era enfermera en ese momento y desconocía que si tienes comprometidos los pulmones o padeces una enfermedad pulmonar no debes viajar en avión. Subimos a bordo del avión a Cleveland con nuestro bebé de quince meses. Durante el vuelo, Jim literalmente se puso verde y comenzó a vomitar, por lo que su estado pasó a ser una emergencia médica.

Desde el avión, se comunicaron por radio con el aeropuerto para pedir que nos esperara una ambulancia. Cuando aterrizamos, el piloto pidió que todos permanecieran sentados hasta que pudieran ser atendidas y retiradas las personas en emergencia. Los paramédicos vinieron y comenzaron a atender a mi esposo.

Me quedé con nuestro bebé, nuestras pertenencias y el bolso de pañales. Tenía que llevar *todo* mientras corría frenéticamente detrás de ellos para poder estar junto a mi esposo. Me encontraba en una ciudad que no conocía y no tenía amigos en el área. Estaba sola y desesperada por no perder a mi marido. En mi mente y en mi espíritu, decía una y otra vez: "¡Ayúdame, ayúdame, ayúdame!". Pero hice todo por mi propia cuenta.

No fue allí donde realmente comenzó mi autosuficiencia, pero en aquel momento me golpeó muy duro. Si algo debía hacerse, iba a plantarme con determinación y asegurarme de que se hiciera. Viví mi vida de esa forma, por lo que siempre estaba agobiada, cargada de responsabilidades, y las cosas siempre se tornaban difíciles. Nunca nadie estuvo allí. (Aunque esperaba que estuvieran allí, no lo estaban).

Entonces le pregunté a Dios: "¿Cómo quieres sanar eso?". Me dijo: "Sólo quiero mostrarte que **estuve allí**". Me mostró Su presencia en esa situación, ayudándome, respaldándome e incluso llevándome en Sus brazos. No estaba totalmente sola como creía. Experimenté una enorme sensación de paz y una estupenda tranquilidad sabiendo que Él estaba allí. Pude relajarme.

Sin embargo, Él deseaba enseñarme algo más. Me dijo: "Esto es lo que quiero: cada vez que te sientas agobiada, responsable y presionada para hacer algo por tu propia cuenta, quiero que te detengas y me busques. Quiero que me encuentres. Y cuando me veas, quiero que des un paso hasta abrazarme y allí descanses. Cuando sientas que estoy muy cerca de ti, que te rodeo con mis brazos, que realmente estoy allí, que te estoy llevando… recién entonces puedes proseguir". Ese fue un recuerdo específico y arraigado; pero sanarlo realmente cambió por completo mi forma de actuar.

Derrama tu corazón a Dios

Como ya has visto, sanar los recuerdos puede ser tan simple como encontrar un recuerdo y preguntarle a Dios cómo desea sanarlo. En otras ocasiones, lo más apropiado y útil es preparar nuestros corazones. Cuando Dios nos lleva a un recuerdo doloroso, tenemos la oportunidad de perdonar y pedir perdón. Muchas veces es la falta de perdón lo que mantiene la libertad y la sanación a una distancia inalcanzable. Mientras se sana un recuerdo, tenemos la oportunidad de *ver* a las otras personas y hacerles saber lo que hicieron, cómo nos hicieron sentir y cuál fue el costo que aquello tuvo sobre nosotros. Podemos liberarlos y entregarle las pérdidas a Jesús para que se ocupe. Además, somos capaces de reconocer nuestro pecado y sus consecuencias.

Parte de la sanación de los recuerdos se produce cuando vertemos nuestras emociones en Dios y le entregamos nuestro dolor. ¡Entrégale tu dolor y tus pérdidas a Jesús! Salmos 62:8 nos indica que derramemos nuestros corazones a Dios. Él es nuestro refugio. Es como tener una copa de agua cuando el mesero trae té helado. Si quieres que el té tenga un rico sabor, vaciarás la copa antes de verter el té. Sólo así será una bebida deliciosa y refrescante. Si intentas agregarle el té al agua, la mezcla no será rica ni agradable. Si nos aferramos a nuestras emociones y las enterramos, no tendremos lugar para que ministre el Espíritu Santo.

¡Entrégale tu dolor y tus pérdidas a Jesús!

Muchas personas están enojadas o decepcionadas con Dios, y se resisten a la idea de aceptarlo. Al menos los ateos son honestos al reconocer su ira, lo que en esencia quiere decir: "Dios, me hiciste una mala jugada, te odio". Luego prosiguen con su nueva filosofía hasta que vuelven a encontrarse con Él. Muchos cristianos creen que está mal sentir ira hacia Dios y se niegan a sentirla. ¡La acumulan, la entierran y se alejan de Dios por su deshonestidad! Cuando estamos enojados con Dios, lo juzgamos por hacer lo que creemos son cosas equivocadas. En nuestros corazones, lo acusamos de no estar *para nosotros*. Si ignoramos estos sentimientos y no le contamos a Dios lo que pensamos y sentimos, estamos siendo deshonestos, y esa deshonestidad le cierra las puertas a la comunicación. Lo cierto es que Dios nunca hace nada mal ni necesita el perdón, pero debemos expresar nuestro descontento y liberarlo de culpas para nuestro propio beneficio.

Existe un ciclo de dolor que no puedes evadir ni evitar. Siempre queremos pasar del dolor y de los problemas al estado de "*Aleluya, Dios siempre es bondadoso*". Puedes declarar que eso es cierto pero no conseguirás la verdadera libertad hasta que no atravieses el proceso. Recuerda que exploramos la congruencia, que es ser lo mismo por dentro que por fuera. No puedes simplemente aferrarte a una creencia que tengas en tu cabeza, o a una expresión con la que te *gustaría* estar de acuerdo, sin permitir que Dios te acompañe a atravesar la negación, la ira, la búsqueda de soluciones y lo demás.

David era un hombre conforme al corazón de Dios y que siempre ponía las cartas sobre la mesa. Cuando leas cada salmo que contiene un reclamo, notarás que David le cuenta a Dios cómo se siente exactamente. Pero cuando concluye su reclamo, David termina alabando a Dios. Su perspectiva cambia.

Como ya había experimentado la sanación del rechazo, me sorprendió sentir esa emoción nuevamente. Le pregunté a Dios si estaba ligada a algún recuerdo. Inmediatamente, recordé una ocasión en que éramos misioneros y estábamos en programas de ayuda social. Me acerqué a la persona a cargo de los refrigerios y le dije: "¿Oye, Brenda, qué quieres que haga?". Me respondió que no necesitaba que hiciera nada. Unos treinta segundos después, otra misionera se acercó y le preguntó en qué podía ayudarla. "¡Oh, sí! ¿Podrías ayudarme con esto…?", respondió Brenda con entusiasmo. Me sentí destrozada, herida y rechazada.

En esa ocasión, estábamos en el campo de béisbol. Subí a unas gradas, me senté y me largué a llorar. No podía contener las lágrimas, me sentía muy herida. Dios me transportó a ese recuerdo. Le pregunté cómo quería sanarlo. Primero me dijo que había juzgado a Brenda y que debía renunciar a ese juicio y perdonarla, para que luego Él pudiera entrar en escena para sanar a través de Su verdad y de Su Palabra.

Lo vi sentado en las gradas, un escalón debajo de mí. Se dio vuelta para mirarme a la cara y me dijo: "Ahora, dime cómo te sientes". Comencé a liberar mis emociones de forma bastante desagradable acerca de cómo me habían lastimado. Fue como si vomitara todo encima de Él. En la imagen, vi monedas de oro saliendo de mi boca y cayendo sobre Su falda. Me sorprendí y le pregunté: "¿Qué es eso?" y Jesús respondió: "¡Oh, cariño, tus emociones son un tesoro para mí!" ¡A Jesús realmente le importaba cómo me sentía! Le había entregado todo mi dolor, mis emociones y pensamientos negativos, y Él los valoró como un tesoro.

Luego bailó conmigo, me sentí muy especial, amada y aceptada. Le pregunté si había algo más que quisiera que haga. Esta vez, Jesús se sentó en el mismo escalón de las gradas. Me rodeó con Sus brazos, miró al campo de juego y me dijo: "Oh, déjalos trabajar mientras nosotros miramos el partido". ¡Qué alegría tan grande y qué buena perspectiva!

Derrama tu corazón a Dios. Permítele ser tu refugio. Nuestras emociones negativas tienen poder sobre nosotros hasta que son expresadas. De la misma forma, nuestras heridas del pasado tienen poder sobre nosotros hasta que son sanadas. Sé honesto con Dios.

Obstáculos

- Quizás hay momentos en los que le pides a Dios que te traslade a un recuerdo, pero no ves nada. Puedes atar a espíritus que bloquean la mente, así como también a espíritus de control e incredulidad. Libértate de la presión que te has impuesto al pensar que existe una forma correcta e incorrecta de hacer esto. Si tu mente está en blanco, quizás simplemente estés ansioso. ¡Recuerda, este es el trabajo del Espíritu Santo, no tuyo!

Cuando cerraste los ojos, ¿en qué fue lo primero que pensaste? Si te toparas con un recuerdo, ¿con cuál sería? (No te preguntes eso si tienes una herida particular que le pides a Dios que sane). Nuestra imaginación es la creatividad otorgada por Dios. Muchas veces creemos que estamos inventando lo que pensamos pero, en realidad, es Dios quien está hablando. Permite que Dios te hable de la forma en que normalmente lo escuchas. A mí me suelen surgir pensamientos y, una vez que pienso algo, puedo visualizarlo en mi mente. Otras personas comienzan simplemente captando emociones o sensaciones.

Gary y yo asistimos a un taller en el que, por primera vez, recibimos un aprendizaje profundo sobre la sanación de los recuerdos. Creo que ambos dudamos en algún punto si este concepto o práctica eran válidos. Quizás éramos un poco escépticos: "¿Dios, *realmente* nos estás hablando a *nosotros*? ¿Dios, realmente te estamos escuchando a ti?". Dios conoce nuestros pensamientos y sabía que estábamos reflexionando sobre toda esa cuestión, preguntándonos si aquello era real y si éramos capaces de escucharlo de esa forma.

Nos llegó el momento de pedirle a Dios un recuerdo. En habitaciones separadas y con compañeros diferentes, se nos vino a la mente *exact-*

amente el mismo recuerdo a ambos. Era algo que había ocurrido en el campo misionero probablemente siete años atrás. Sin duda fue un hecho traumático, pero no habíamos hablado del tema recientemente. Tampoco lo sentíamos como un problema en nuestras vidas en aquel momento. De esa forma, Dios habló claramente: "¡Sí, soy yo! ¡Sí, pueden percibirme! ¡Sí, me están escuchando!".

- No creas la mentira que el recuerdo es algo trivial. Por más insignificante que parezca, quizás simplemente sea aquel que Dios puede usar. Una de las primeras personas a quien ministramos dijo: "Lo único que escucho es que nací en el lado humilde del pueblo". Quería que descartáramos ese recuerdo por ser intrascendente. Pero nosotros decidimos ver hacia dónde lo llevaría Dios, quien increíblemente usó aquel recuerdo para realizar una sanación extraordinaria.

- Por el contrario, hay personas que desean que Dios los regrese a la parte más dolorosa de sus vidas, les explique por qué sucedieron esos hechos y los solucione. No podemos exigirle eso a Dios. En primer lugar, ese es un espíritu de control y, además, Él no se pliega a nuestras exigencias. Quizás sería muy doloroso para ti, y esa no es la forma en que Dios se maneja. Dios puede y quiere darnos su perspectiva en nuestros momentos más dolorosos, aunque lo hace de manera diferente a lo que solemos esperar.

- Podemos preguntar: "¿Dios, dónde estabas?". Pero casi siempre es mejor pedirle a Dios que sane el recuerdo a Su manera. Muchas veces (quizás la mayoría de las veces), vemos o sentimos dónde se encontraba Dios dentro de un recuerdo y somos sanados al simplemente ver o sentir Su presencia. Hay momentos en que quisiéramos una larga disertación o explicación. O simplemente nos gustaría que las cosas se hagan a nuestro modo.

Por ejemplo, si yo hubiera planeado la sanación del recuerdo de mi padre sentado en la mesa, habría querido que Jesús lo regañara. Si yo hubiera inventado la respuesta, Jesús habría entrado en escena y le habría dicho a mi papá: "¿¡Podrías dejar de traumar a tu familia!? ¿Por qué no pones en orden tu vida? ?" Jesús se comporta de modo diferente a lo que nuestra carne considera apropiado.

- Posiblemente sea el gran temor de faltarles el respeto a nuestros padres lo que nos inhibe a la hora de expresar nuestros verdaderos sentimientos. Cuando nuestros padres nos han herido, debemos admitir que, según nuestra percepción, ellos estaban equivocado. Esto no es culpar, es simplemente admitir que sus acciones nos provocaron ciertas respuestas emocionales y tuvieron consecuencias y costos en nuestras vidas. Cuando admitimos que sus acciones casi indudablemente tuvieron un costo para nosotros, podemos perdonarlos por completo. Si expresamos primero nuestro dolor y luego nuestro perdón hacia nuestros padres, dejamos sin efecto el derecho legal del enemigo. Pasamos por este proceso cuando sanamos un recuerdo, pero no necesariamente tenemos una conversación real con ellos.

- La ira, la decepción e incluso el odio son emociones válidas. Te hirieron y tenías (o tienes) emociones fuertes que necesitan una vía de escape. Siempre puedes derramar tu corazón ante Dios y contarle cómo te sientes. Lo único de lo que tenemos que protegernos es de expresar nuestras emociones con falta de respeto. Por ejemplo, cuando dejé que la ira se afiance en mi vida al maldecir a mis padres desde lo alto de la escalera, el dolor, la ira y la sensación de haber sido vulnerada eran emociones válidas; el insulto fue una respuesta irrespctuosa y pecaminosa. La emoción era válida pero la expresión era inapropiada.

- Quizás veas la verdad de que Dios ya se ha encargado para tu bien de una ofensa específica que tuvo lugar en tu vida. Por eso, cuando recuerdas el hecho, quizás sientas que no puedes expresar los sentimientos o el costo que generó la ofensa de esa otra persona porque, en tu mente, estarías echándoles en cara a algo que Dios ya arregló. No estás recriminándoles nada si lo expresas. Estás haciendo borrón y cuenta nueva. Era una herida verdadera que necesita ser perdonada como corresponde y no ignorada.

- Es posible que un falso Jesús se haga presente durante la sanación de un recuerdo. Si *Jesús* parece no coincidir con la naturaleza de Dios, o si se siente incómodo en tu espíritu, es una buena idea que el receptor del ministerio le pida que se arrodille en el nombre de Jesús y declare que Jesús es su Señor. Si se arrodilla, eso indica que estás verdaderamente interactuando con Cristo y que puedes continuar permitiéndole a Dios sanar la herida.

Puede suceder que el Jesús verdadero se sienta incómodo en tu espíritu si tienes creencias profanas sobre Él. Ha habido casos en los que Él reacciona agresivamente contra el pecado y eso ha sorprendido a quienes malinterpretaron su mansedumbre. Cuando el Jesús que aparece en el recuerdo se arrodilla, podemos continuar con la sanación del recuerdo. Una vez que terminamos, Dios nos habrá revelado la verdad (y ahí entendemos por qué nos parecía que era incorrecto al principio).

Si se tratara de un Jesús falso, su imagen simplemente puede esfumarse en ese momento. Entonces, pídele *al verdadero Jesús* que ingrese a tu recuerdo y haga lo que deba hacer. Si Jesús continúa allí pero no se arrodilla y declara que Jesús es el Señor, eso indica que es un falso Jesús. Ordena que se vaya en el nombre de Jesús. Luego, pídele al *verdadero Jesús* que se haga presente.

Tener un compañero de ministerio es muy útil para reconocer a un Jesús falso. No siempre reconocemos a nuestros propios espíritus religiosos o creencias profanas acerca de lo que Dios piensa o la forma en que actúa. A muchas personas les han dicho toda su vida que no habían hecho lo correcto, por eso esperan que Jesús dijera las mismas cosas. Jesús no condena; tampoco se hace el distraído y observa cómo te hieren.

Esto sería un indicio de que se trata de un Jesús falso: Él parado de brazos cruzados, observando con descontento y diciendo algo como: "Eso era lo que merecías" o "Mueve el trasero y pon tu vida en orden". Un compañero de ministerio puede ayudar a identificar a ese falso Jesús. Sin embargo, un compañero de ministerio no *siempre* acierta al momento de identificar al falso Jesús y es por eso que la mejor prueba es ver si Jesús se arrodilla o no.

Si estás trabajando sobre un recuerdo por tu propia cuenta y te sientes condenado o no te sientes mejor cuando terminas, puedes asumir que estabas interactuando con un falso Jesús. Simplemente vuelve a visitar ese recuerdo.

Ejemplos de recuerdos sanados

Cuando Jesús aparece en un recuerdo para sanarlo, Él ofrece Su corazón y una nueva perspectiva. Después de la enfermedad y el fallecimiento de su padre cuando ella tenía diez años, Jane, ya siendo una adolescente, solicitó recibir consejería sobre el duelo. Ya de adulta, no sentía la necesidad de volver a visitar ese recuerdo. Pero, cuando le preguntó a Dios qué recuerdo quería sanar, Él la llevó al estacionamiento del hospital.

"Mientras estacionábamos, sentí la tristeza más desgarradora que jamás haya sentido", dijo. "No podía bajarme del auto ni siquiera para ir al hospital a ver a mi padre. Mi compañero sugirió que le preguntara a Jesús dónde se encontraba Él en esa imagen. Nos vi entrando nuevamente al estacionamiento, pero esta vez Jesús estaba esperando a la entrada y se subió al auto. Estacionamos en el mismo lugar. Allí me senté, sintiéndome triste, pero no al extremo de antes. Me di vuelta para mirar a Jesús en el asiento de atrás. Él estaba **llorando intensamente.** Luego me miró y me dijo: 'Es muy triste. Odio que esté sucediendo esto'. Y ambos lloramos un poco más…". Jane describió los resultados de esta experiencia diciendo que Jesús absorbió su tristeza.

Los padres bienintencionados a menudo les transmiten involuntariamente a sus hijos un sentimiento de desaprobación mientras los educan y disciplinan. Sally no sabía que su total desinterés e incapacidad para cocinar surgieron de aquella vez en que intentó preparar la comida cuando era una niña. Como la preparación no salió bien y su madre la calificó como incomible, Sally se sintió totalmente desmotivada. ¡Pero Jesús ingresó a ese recuerdo y *redimió* a los macarrones con queso que ella había preparado, comiéndolos *todos* y declarando que estaban muy, muy ricos! De repente, Sally comenzó a disfrutar de ir al supermercado y de cocinar para su familia.

En lo que parecía una respuesta aparentemente frívola, Jesús daba vueltas sobre la cama que Margaret estaba intentando desesperadamente dejar sin arrugas, bajo la mirada reprobadora de su fastidiosa madre. Gracias a eso, ambas mujeres perdonaron a sus madres y renunciaron al espíritu de ineptitud que habían recibido. A cambio, aceptaron la aprobación y la alegría de Jesús, lo que les permitió dejar de vivir en una sombra de desempeño excesivo.

> *Cuando Jesús aparece en un recuerdo para sanarlo, Él ofrece Su corazón y una nueva perspectiva.*

Alex recordaba el momento en que su madre le dijo que se mudaría a otro estado y dejaría que se las arreglara solo mientras comenzaba la universidad. Él no se daba cuenta que ese hecho marcaba el comienzo de la vergüenza y la ira que lo habían oprimido desde ese momento (por sentirse abandonado, insignificante, carente de valor). Luego, le atribuyó muchos de sus fracasos al rechazo de su madre. Al visitar este recuerdo, pudo realmente perdonarla.

Alex también confesó y renunció al juicio que había emitido y aún sostenía contra su madre. Los juicios nublan nuestra visión y no nos permiten ver la perspectiva de otra persona. Por fin, Alex pudo comprender la historia desde el punto de vista de su madre, expresar sinceramente su amor por ella y recibir el amor que ella le daba. Reconoció que aquel hecho había sido la puerta de ingreso para su egocentrismo e incapacidad de aceptar responsabilidades, sentimientos que tanto lo habían fastidiado durante toda su vida adulta. Al confesar y renunciar a su pecado, Alex fue capaz de *crecer*.

Paula se sintió particularmente atacada e incomprendida después de un diálogo negativo con un colega. Decidió preguntarle a Dios si había reaccionado desproporcionadamente—si aquello podía estar ligado a un hecho de su pasado. Él la llevó a un recuerdo escolar, cuando estaba en el octavo grado. Una profesora la había tratado de forma muy desagradable. Entonces, Dios trajo la sanación a las emociones de Paula.

Estaba meditando sobre el encuentro y pensó que el recuerdo era relevante a su actual experiencia. Pero continuó dialogando con Dios: "La diferencia es que en el otro recuerdo, yo me sentía realmente culpable" (había hecho trampa en una prueba). Con su voz tenue pero firme, Dios le habló a su espíritu y le demostró que también era culpable en aquella situación con su colega. Paula pudo identificar y confesar su pecado, y la relación con su colega fue reparada. Mediante la sanación de un recuerdo, Dios puede mostrarnos algo que de otro modo no estaríamos dispuestos o seríamos incapaces de escuchar o comprender.

Pasos hacia la Victoria

❖ Lee Salmos 34:18, Salmos 147:3, Isaías 61:1 y Salmos 23:3. Entiende que Dios se preocupa por tus heridas y desea sanar tus recuerdos. Sigue los siguientes pasos para permitirle a Dios sanar un recuerdo. Puedes hacerlo por tu cuenta o con un compañero de ministerio.

ORACIÓN/PROCESO PARA SANAR LAS HERIDAS Y LOS RECUERDOS

- Diga esta oración para comenzar:

Dios, creo que es Tu deseo sanar mis heridas y recuerdos. Solicito Tu presencia y Tu guía durante este proceso. Me someto a Ti y te permito visitar los lugares de mi vida que pueden estar ocultos, para que lleves allí Tu presencia, Tu perspectiva y Tu sanación. Confío en Ti y te agradezco por lo que estás haciendo en mi vida.

- Pídele al Espíritu Santo que te revele el recuerdo que quiere sanar.

  - Eso puede ser cualquier recuerdo de una herida que quiera sanar (uno representativo), o el primer recuerdo que contiene la raíz o el comienzo del disparador que has identificado.
  - Aclara el recuerdo: tu recuerdo debe ser real. ¿Cuál es el asunto/hecho?
  - Alienta al individuo que estas ministrando a compartir lo que escucha/ve/siente.
  - Quédate con un solo recuerdo.
  - Es posible que debas atar ciertos espíritus específicos (por ej., bloqueo mental, confusión, control y otros).

- Expresa tus emociones, derrama tu corazón a Dios.

  - *Probablemente necesites perdonar y/o pedir perdón.*

- Mantente alerta para detectar aquellos problemas (por ej. creencias, votos o juicios profanos) que debas tratar en ese momento o más adelante.

• Invita a Jesús a entrar en escena.

- Si no "ves a Jesús", permítele hacerse presente de la forma en que normalmente lo experimentas. Algunas personas ven una luz. Otras simplemente sienten Su presencia. Una persona sintió una suave brisa y la identificó como la forma en que le Espíritu Santo le hablaba. También puedes mirar en los alrededores del recuerdo y ver quiénes estaban allí. Quizás haya otra persona a quien debas perdonar. ¿Te has perdonado a ti mismo? ¿Has liberado de culpas a Dios?
- Pregúntale a Jesús cómo quiere sanar tu herida.
- Dale todo el tiempo necesario para traer la sanación.
- Nunca le indiques a Jesús o al individuo que estas ministrando qué debe hacer.
- No *pienses* durante la sanación; escucha al Espíritu Santo y quédate dispuesto a recibir.
- Recuerda pedirle a *Jesús* que se arrodille en el nombre de Jesús si sientes que algo no está bien en tu espíritu.

• Pregúntale a Jesús si desea decir/hacer algo más.
• Regresa al recuerdo para ver si el dolor se ha ido.

(Estos pasos hacia la libertad han sido adaptados de *Restoring the Foundations [Segunda Edición]*. Se usa con permiso. www.RestoringTheFoundations.org.)

Capítulo dieciocho
VENCIENDO A NUESTRO ENEMIGO

Cuando fue tentado en el desierto, Jesús no desafió la autoridad de Satanás ni negó el hecho de que Satanás tenía posesión de los reinos de este mundo. Aceptó que Satanás tenía autoridad y capacidad. Jesús eligió usar la Palabra de Dios contra Satanás y no involucrarse en una lucha de poder. Satanás tenía la autoridad que Adán le dio, y también la autoridad que nosotros (individualmente) le hemos dado por medio de nuestro pecado y de nuestra falta de perdón. Por lo tanto, no nos involucramos en luchas de poder ni lidiamos con los demonios en soledad. Debemos adoptar nuestra posición como vencedores, por medio de la sangre de Jesús, y eliminar todo derecho legal que le hemos dado a Satanás. Luego, podemos pararnos firmes ante él e indicarle que se retire en el nombre de Jesús.

Hemos determinado que nuestra lucha es contra los poderes de las tinieblas. Nuestra verdadera batalla se da en lugares espirituales. Allí hay ángeles y demonios (los poderes demoníacos). Los poderes demoníacos tienen una gran influencia sobre nuestras vidas y el mundo en que vivimos. Ya hemos recorrido las diversas formas en que les permitimos a los demonios ingresar a nuestras vidas (es decir, a través del pecado generacional, personal y habitual); nuestros pensamientos [Satanás puede implantarnos pensamientos que creemos provienen de nosotros mismos];

nuestras mentalidades y creencias profanas; los traumas y las heridas que hemos experimentado; nuestra participación en el ocultismo; y nuestros juicios y la falta de perdón).

Una vez que hayamos cerrado las puertas por medio de las cuales el enemigo ingresa a nuestras vidas, el paso final es decirle que se retire de nuestra tierra. El ranchero vigila su tierra y tiene el derecho de decirle al ocupante ilegal que no tiene nada que hacer allí, viviendo en una tierra que no le pertenece. Luego procede a desalojarlo. Del mismo modo, nosotros "echamos fuera" a los demonios. Quiero darte algunas instrucciones sobre ese proceso, pero primero me gustaría compartir algunas reflexiones fundamentales acerca de cómo lidiar con los demonios.

> *Una vez que hayamos cerrado las puertas por medio de las cuales el enemigo ingresa a nuestras vidas, el paso final es decirle que se retire de nuestra tierra.*

Nuestra posición

Cuando pensamos en nuestra posición, solemos citar a Efesios 2:6, que dice que estamos sentados al lado de Cristo en las regiones celestiales. ¿Dónde quedan exactamente esas regiones? Volvamos y analicemos Efesios 1:20-22 para aclarar este asunto. Estamos sentados donde Cristo está sentado, "muy por encima de todo gobierno y autoridad, poder y dominio" (Efesios 1:21). Dios ha dispuesto que todo esté debajo de los pies de Cristo. Al unirnos a Él, Dios ha dispuesto que todo también esté debajo de nuestros pies. Esa es nuestra posición. Es posible que aún no lo veamos en nuestras circunstancias, como leemos en Hebreos 2:8, porque los reinos del mundo están pasando a ser de nuestro Señor[1]. Pero debemos declarar la verdad de nuestras posiciones más allá de lo que vemos, *confiando* en ello, sin importar qué es lo que aparente ser. **Somos** la cabeza, no la cola; **somos** vencedores[2].

Nuestra victoria

Tenemos la victoria. Si es así, ¿por qué vivimos tan preocupados y aterrados sobre lo que el enemigo puede llegar a hacernos? ¿Por qué no vivir confiando en lo que Dios es y puede hacer? ¿Por qué enaltecemos tanto al enemigo en nuestras mentes? Quizás no estés de acuerdo y digas que tú no enalteces tanto al enemigo, que sabes cuán grande es Dios. Entonces te pregunto: ¿por qué te preocupas y temes?

¿Cuántas personas han sido forzadas a renunciar al ministerio, perder una nueva oportunidad, o de no obedecer por temor a lo que pueda llegar a hacerles el enemigo? Ellos creen que si dan un paso de fe, el enemigo se opondrá a ellos. He pasado por incontables oposiciones mientras (y porque) elaboraba *Lifestyle of Liberty*. En mi caso, lo que hago es decirle al enemigo: "¿Ah, así que crees que vas a vencerme?" y de esa forma junto fuerzas.

Permíteme ser clara: la guerra no es divertida. Las heridas no son divertidas. La oposición tampoco lo es. Sin embargo, debemos tener la confianza de que no existe nada que el enemigo pueda hacernos que Dios no haya anteriormente filtrado a través de Sus amorosas manos. Y al final, ningún sufrimiento puede compararse con "la gloria que habrá de revelarse en nosotros"[3].

Múltiples versículos de la Biblia hacen esta pregunta: "¿Qué puede hacerme el hombre?" No quisiera padecer la tortura en manos de un enemigo literal que pueda llegar a venir antes de la muerte, pero lo peor que un hombre, o Satanás, puede hacerme es matarme. "Porque para mí el vivir es Cristo y el morir es ganancia"[4]. Entonces, ¿dónde reside el problema? Si perdemos esa perspectiva, nos veremos obligados a retroceder y posiblemente seamos intimidados por la oposición. **¡Yo digo que no!** No me dejaré inhibir. Tengo la victoria.

Me di cuenta de que cada vez que, gracias al poder de Dios, me he mantenido firme contra la oposición y la he superado, pude escalar a un nuevo nivel de testimonio, victoria y autoridad. La semana anterior al fallecimiento de mi primer marido, leímos juntos Filipenses 1. Proclamamos la promesa de Dios. Pablo dijo que lo que le sucedió "en realidad había contribuido al avance del evangelio" (Filipenses 1:12). Jim y yo acordamos que eso sería así para nosotros y proclamamos que mediante nuestras vidas, las personas podrían ser salvadas y los creyentes serían alentados. Eso es lo que dice la Palabra de Dios. Aquellas promesas de Dios acontecieron en la realidad. De hecho, poco tiempo después de que muriera mi esposo, la última persona a quien él había compartido el evangelio fue salva. Los creyentes se sintieron alentados porque vieron la fe que nosotros habíamos tenido al transitar un período tan difícil. No existe absolutamente nada sobre lo cual Dios no tenga la victoria.

¿Qué hay de nuestro temor?

Cuando temes algo, en esencia le estás diciendo a Satanás: "Bien, atácame aquí". Cuando te rehúsas al miedo, no le das una puerta de ingreso o un blanco para atacar. Cuando reconoces que Dios te sostendrá en todo lo que hagas, la oposición de Satanás es derrotada por completo.

Cuando estábamos en un viaje de misioneros en Nicaragua, me enfermé. No estaba totalmente incapacitada, pero tampoco rendía al ciento por ciento. Podía hacer un esfuerzo por cierto tiempo, aunque luego debía recostarme. Elegí cuál sería mi reacción ante ese contratiempo. Decidí no sentirme frustrada. Dije que lo que sea que Dios permitiera iba a estar bien, incluso si no hubiera sido esa la forma en la que yo hubiera elegido pasar mi tiempo. "Te escucharé, resistiré o descansaré, lo que sea que me pidas que haga". Al mismo tiempo, reclamé la sanación de Dios y luché contra los poderes de las tinieblas, todo desde un lugar de paz, seguridad y victoria.

En medio de la batalla, Dios me dio este versículo: ". . . luchando unánimes por la fe del evangelio y *sin temor alguno* a sus adversarios, lo cual es para ellos **señal (prueba y sello)** de destrucción. Para ustedes, en cambio, es señal de salvación, y esto proviene de Dios" (Filipenses 1:28 *énfasis agregado*). No reclamamos que las cosas no duelan, o que no exista el dolor o la pérdida, pero sí declaramos que no hay nada que el enemigo pueda hacer para impedir que confiemos en la bondad, la lealtad y la soberanía de Dios. Cuando afrontamos situaciones con resultados que no son de nuestra preferencia, debemos creer y proclamar que no es posible frustrar ninguno de los planes de *Dios*[5]. Derrotamos al enemigo con nuestro reposo. Es el Dios de **paz** quien aplastará a Satanás bajo nuestros pies[6].

Nuestra actitud es fundamental. Recuerdo un sueño que tuve en el que estábamos huyendo de un enemigo literal, corriendo por nuestras vidas. Estaba con mi esposo, nuestra hija y nuestro yerno. Escapábamos de la ciudad a toda velocidad en una camioneta, intentando encontrar seguridad. Conducíamos a una excesiva velocidad y no pudimos girar, por lo que nuestra camioneta se estrelló en los alrededores de la ciudad. Abandonamos la camioneta en un intento desesperado de salir corriendo, y esperábamos estar lo suficientemente lejos como para estar seguros. Cuando giramos por una curva, se acercaron hacia nosotros hombres armados que nos apuntaban con escopetas. Me arrodillé y simplemente dije: "Jesús, Jesús, Jesús". Sabía que era el final, sin embargo experimentaba una paz perfecta. Dije: "Jesús, Tú estás conmigo y todo está bien". Mi hija, que estaba al lado mío, comenzó a orar en lenguas. Quería que se callara porque de ese modo captaba la atención hacia ella y, como era de esperarse, comenzaron a apuntarle con sus escopetas. Creo que ella había elegido guerrear en el espíritu (que, ahora reflexionando, probablemente fue una mejor respuesta que la mía).

Luego, de la nada, apareció una amiga mía. No había estado con nosotros en la camioneta. No sé cómo lo hizo porque el hombre estaba de pie, pero se sentó sobre la falda de uno de nuestros enemigos y comenzó a derramar el amor de Dios sobre él.

Este sueño me dio convicción porque creía haber hecho lo correcto—entregando mi corazón y mi vida a Dios. Sin temor, estuve de acuerdo con Job y dije que aunque Dios me matare, en Él esperaré[7]. Estaba bien si moría. Pero mi amiga, parada frente a una escopeta, tenía la determinación de compartir el amor de Dios. Era el ejemplo perfecto de no amar su propia vida, incluso cuando se enfrentaba a la muerte[8]. No debemos mirar a la oposición con temor. Podemos concentrarnos en nuestra victoria y llevar la presencia y el amor redentor de Dios a cada situación.

Nuestra autoridad

> *"Jesús se acercó entonces a ellos y les dijo: Se me ha dado toda autoridad en el cielo y en la tierra. Por tanto, vayan y hagan discípulos de todas las naciones, bautizándolos en el nombre del Padre y del Hijo y del Espíritu Santo".*
> *(Mateo 28:18- 19)*

Jesús, como el segundo Adán, recuperó la autoridad que Adán le había dado a Satanás y ahora la comparte con nosotros. Vivimos con la autoridad para expulsar a espíritus impuros. En Mateo 28:18, Jesús declaró: "Se me ha dado toda autoridad en el cielo y en la tierra". En Mateo 10:1, Jesús "reunió a sus doce discípulos y les dio autoridad para expulsar a los espíritus malignos y sanar toda enfermedad y toda dolencia". En Mateo 28:19, después de hacer énfasis sobre Su autoridad, Dios *nos* dice que vayamos. Somos uno con Él y tenemos la autoridad de ir, hacer discípulos a las naciones y *expulsar a los demonios*. En Marcos 3:15, cuando Jesús encomienda a Sus discípulos, también resalta que tienen autoridad para expulsar a los demonios.

Nuestro poder

Caminamos con poder. El poder de Dios trae la salvación (liberación) a todo aquel que cree[9]. Tenemos el poder de ser liberados. Tenemos el poder de expulsar al enemigo (al igual que un oficial de policía tiene el poder de hacerte detener tu auto y ordenar que te bajes. Pero no confundamos eso con la fuerza. El policía no sería muy inteligente si se parara en el medio de la calle con su mano arriba mientras tú te diriges hacia él a setenta millas por hora. El enemigo indudablemente es más fuerte que yo. El simple hecho de decir que somos victoriosos y que no hay nada que temer no significa que el enemigo no sea fuerte. Debemos respetarlo como lo que es. Él tiene poder. Pero recuerda, ¡nosotros tenemos a Dios! Mayor es el que vive en mi que el que está en el mundo[10].

Sin embargo, debemos estar seguros de nuestra tarea para no caminar fuera de la protección de Dios. No seamos guerreros solitarios. No caminemos en la desobediencia. Muchas personas han experimentado consecuencias nefastas al no caminar con Dios o de acuerdo a Sus tiempos.

Habiéndose dicho eso, si ves alguien que está enfermo o ha muerto, no asumas que se ha alejado de su tarea. Ellos pueden ser los precursores de nuestro día—la semilla que cae en la tierra y muere produce fruto abundante[11]. Ellos fueron personas como Hebreos 11, que mueren sin ver la totalidad de lo prometido, pero su recompensa en el cielo es mucho más grande.

No debemos mirar a la oposición con temor. Podemos concentrarnos en nuestra victoria y llevar la presencia y el amor redentor de Dios a cada situación.

No juzguemos a los demás ni le permitamos al enemigo sembrar confusión. Muchos oficiales de policía han sido heridos o asesinados durante el cumplimiento de su deber, pero quienes aún están aquí, todos los días brindan servicios sin tener temor alguno. La invasión del Día D de Normandía no podría haber sido exitosa sin la ayuda de quienes estaban en los frentes de batalla, que dieron su vida para que los demás pudieran ingresar y desplazar al enemigo. Concéntrate en Dios. Recibe Su estrategia y deja que Él se encargue de los resultados. Sé inteligente mientras avanzas y ora para recibir la protección de Dios a medida que invades el campo del enemigo.

Cuando arremetas, no te preocupes por los contragolpes. (Pero ata los planes del enemigo para contraatacar. No podemos permitirnos avanzar inocentemente. Pero no permitas que te robe la alabanza hacia Dios por tu victoria. Ese es el espíritu detrás de los contragolpes). Cuando las personas comienzan a progresar en sus tareas ministeriales, o buscan la libertad y la sanación, el enemigo les opone resistencia. Algunos abandonan su lucha por ese motivo. Recuerda que no importa qué ataques intente el enemigo, Dios ha prometido ayudarnos para el bien de quienes lo siguen con amor. Haz que la oposición te ayude a entrenar tus músculos espirituales para la guerra y, de ese modo, te encuentres incluso mejor posicionado en el futuro. Este hecho es curioso: cuando intentamos protegernos, le damos acceso al enemigo. Sin embargo, cuando arriesgamos todo por Dios y consideramos que nuestras vidas no valen nada, ¡Él nos cubre las espaldas!

La victoria a través de la condición de hijos

El poder que tenemos proviene de nuestra condición de hijos (mediante nuestra relación con Dios, el término "condición de hijos" describe una relación, no hace referencia al género). Isaías 54:17 garantiza que no prosperará ningún arma forjada contra nosotros, y que condenaremos a todas las lenguas que nos acusen. **¡Esta es una herencia de los santos del Señor!** ¡Nada de lo que se levante en mi contra puede vencerme porque yo soy **hijo de Dios!**

Segunda de Crónicas 20 narra la historia del pueblo de Israel, en la que se encontraban en medio de una batalla y buscaron la ayuda de Dios. Hasta ese momento, habían hecho todo lo que Dios les había indicado, y se lo recordaron. Pero estaban rodeados por el enemigo. Entonces, le gritaron a Dios: "No sabemos qué hacer" y continuaron "pero en ti hemos puesto nuestra esperanza" (2 Crónicas 20:12). Luego esperaron Sus instrucciones.

Las instrucciones del Señor fueron que salgan, alabándolo a Él, a luchar contra el enemigo. La palabra usada para alabanza en ese versículo tiene la connotación de levantar las manos. Por eso, los israelitas salieron a la batalla alabando a Dios con las manos rendidas (no rendidas al enemigo sino a Dios). Era como si dijesen "Bien, no tenemos idea qué hacer, pero aleluya, eres Dios y te alabamos".

Luego, Dios confundió al ejército enemigo y los soldados comenzaron a matarse entre ellos. Aquella fue una gran liberación por parte de Dios en respuesta a la alabanza. Eso es lo que debemos hacer, alabar a Dios unidos a Él, por amor a Él y teniendo la relación correcta con Él. Si vivimos honradamente como Sus hijos, sabiendo quién es Él y quiénes somos nosotros,

Dios se asegurará de que el enemigo sea derrotado. No te sorprendas por el *fuego de prueba*[12] y no te sientas en peligro. No importa dónde se libre la batalla, nosotros somos los hijos del Rey de Reyes.

Hay algunos que temen a las maldiciones y a las brujerías de otras personas en sus vidas. Recuerda que "la maldición sin motivo jamás llega a su destino"[13]. Por lo tanto, simplemente no le des al enemigo un motivo, una excusa o un lugar donde intervenir. Podemos romper cualquier maldición en contra nuestro.

> *Este hecho es curioso: cuando intentamos protegernos, le damos acceso al enemigo. Sin embargo, cuando arriesgamos todo por Dios y consideramos que nuestras vidas no valen nada, ¡Él nos cubre las espaldas!*

Si bendecimos a nuestros enemigos, cancelamos sus maldiciones. La primera de Pedro 3:9 nos advierte no devolver mal por el mal, sino más bien bendecir. Se nos ha indicado hacer eso para obtener bendiciones. Cuando maldecimos al enemigo, nos abrimos a la maldición de esa persona en vez de detener su efecto en nuestras vidas. Si bendices a quienes te maldicen, podrás derrotar aquello que el enemigo quiere hacer. Tu bendición detiene a su maldición, y el poder de la cruz se posa entre ti y el enemigo. Si permanecemos en nuestra posición como hijos y actuamos con el corazón de Dios, recibimos nuestra herencia y Su bendición.

La llave de "mi casa"

Hemos visto muchos casos de liberación en los que la persona no conserva esa libertad. En la mayoría de ellos, la explicación es simple. La *casa* todavía le pertenece al enemigo. Leemos en Mateo 12:44-45 (NBLH) que un espíritu impuro (un demonio) dice: "'Volveré a **mi casa** de donde salí'; y cuando llega, la encuentra desocupada, barrida y arreglada. Entonces va, y toma consigo otros siete espíritus más depravados que él, y entrando, moran allí; y el estado final de aquel hombre resulta peor que el primero. Así será también con esta generación perversa".

La traducción correcta del artículo en este caso es **mi** casa y no **la** casa, como figura en algunas traducciones. Antes de exigirle a un demonio o a un poder de la oscuridad que nos deje solos, debemos asegurarnos de habernos ocupado de todos sus derechos legales. Cerramos las puertas que hemos abierto. No es que simplemente renunciamos y expulsamos a los espíritus. En primer lugar, renunciamos a la **causa** que les dimos para que estén presentes. Y luego les decimos que se vayan. Si no renunciamos a la causa, al derecho legal, el enemigo sigue teniendo autoridad para estar allí. Es por eso que los espíritus demoníacos pueden irse por un tiempo, pero luego regresan.

Mi motivación para escribir este libro es darles a las personas las herramientas que necesitan para erradicar al enemigo y obligarlo a permanecer fuera de sus vidas. En ciertos momentos, las personas desean que alguien haga el trabajo de "liberación" por ellos. Eso es inefectivo y potencialmente dañino. Terminamos en luchas de poder. Es lo que le ha dado una mala reputación al ministerio de liberación y ha causado que algunos metan todo en la misma bolsa, poniendo lo bueno junto con lo malo, tirándolo todo, negándose a reconocer y afrontar el verdadero trabajo de los demonios en sus vidas. También perjudica la vida cristiana victoriosa. Sin dudas es maravilloso contar con la ayuda de alguien más experimentado en esta área, pero la **responsabilidad** recae sobre la persona que busca la libertad.

Nuestra tarea

Jesús llegó para dar vida y para "destruir las obras del diablo" (1 Juan 3:8). Se espera que seamos como Jesús en este mundo, y que colaboremos con Él para cumplir nuestra tarea de expulsar a los demonios. Si caminas en esta certeza e inicias el proceso de expulsar a los demonios, también tienes la autoridad de prohibir las manifestaciones excesivas. Satanás desea causarnos distracción, desánimo e incluso daño a quienes lo están venciendo.

Puedes mantenerte firme ante él y prohibir que utilice esa estrategia. Ordenándoles a los demonios que se separen también puede facilitar el proceso y hacerlo más ordenado.

Tienes todo lo que necesitas para llevar una vida de rectitud[14]. Tú y Dios son mayoría. Tienes la autoridad. No permitas que el enemigo te intimide. ¡Él no quiere que sepas que realmente puedes derrotarlo y alejarlo de tu vida!

Pasos hacia la Victoria

❖ Elige no sorprenderte ante las circunstancias difíciles que surjan en tu camino. Por el contrario, convéncete de tu victoria:

> ¡Pero gracias a Dios, que **nos da la victoria** por medio de nuestro Señor Jesucristo! Por lo tanto, mis queridos hermanos, **manténganse firmes e inconmovibles**, progresando siempre en la obra del Señor, conscientes de que su trabajo en el Señor no es en vano.
> (1 Corintios 15:57 58, énfasis agregado)
> Porque todo el que ha nacido de Dios vence al mundo. Ésta es la victoria que vence al mundo: nuestra fe.
> (1 Juan 5:4)

❖ Pídele al Espíritu Santo que te revele a qué le temes. Siguiendo lo que dice Apocalipsis 12:11, elige no valorar tu vida (o tu identidad, o tu ministerio, etc.) más que a Dios. Vencemos por medio de la sangre del Cordero y de la palabra de nuestro testimonio, y no amamos a nuestras vidas, incluso cuando afrontamos la muerte. Entrégale tu temor a Jesús. Mantente firme en tu victoria.

❖ Pídele al Espíritu Santo que te revele las áreas de desobediencia mediante las cuales estás incitando al trabajo del enemigo (los demonios) antes de intentar atar y expulsar a los demonios.

CADA VEZ que cierras una puerta al confesar un pecado, al renunciar a una creencia profana, al renunciar a un juramento o a un juicio, o al ser sanado de un trauma, continúa repitiendo la oración que figura a continuación.

Puedes hacerlo por tu propia cuenta o junto a otras personas. Si estás lidiando con antecedentes de ocultismo u otras fortalezas graves, lo aconsejable es tener un compañero a tu lado. Antes de orar, pídele protección a Dios, limita las manifestaciones excesivas y sé consciente de que tienes la capacidad de controlar tu cuerpo.

ORACIÓN DE AUTORIDAD SOBRE LOS DEMONIOS

Ora con los ojos abiertos. No debemos someternos a la autoridad del enemigo ni estar desatentos. No uses la frase "la sangre de Jesús" *antes* de este momento. Esas palabras provocan a los demonios. Está bien que la uses cuando los expulsas y dices algo como "La sangre de Jesús te reprende", pero no antes de que la ministración tome lugar y te hayas ocupado de los derechos legales del enemigo.

Declara esta oración en voz alta; el diablo no oye nuestros pensamientos.

- En el nombre de Jesús, renuncio al pecado y a las maldiciones de _____. Destruyo el poder y la esclavitud de este espíritu en mi vida. Renuncio y destruyo toda la autoridad que les di a los demonios y cancelo su tarea en torno a mi vida.
- En el nombre de Jesús, tomo autoridad sobre y expulso* al espíritu de _____.
- Espíritu de ____ sal de aquí, en el nombre de Jesús. Te ordeno que me sueltes ahora—en el nombre de Jesús y por Su sangre derramada. (Repetir para cada espíritu.)
- Les ordeno a todos los demonios que se vayan a donde Jesús los manda y que no regresen.
- Gracias, Señor, por liberarme y sanarme. Lléname con tu Espíritu Santo. Recibo Tu presencia y Tus promesas.

No dejes vacíos aquellos espacios desocupados. Pasa tiempo con Dios mientras te indica cómo llenarte del Espíritu Santo, y de los espíritus que coinciden con la vida de Jesús en ti. Si estás haciendo esto con un compañero, él/ella también puede orar por ti.

*Normalmente no repetimos la palabra "expulsar" pero es eso lo que hacemos. Puedes decir simplemente "vete", "sal de aquí" o "lárgate". Sigue ordenándole al espíritu que se largue hasta que sientas que lo has logrado.

Capítulo diecinueve
CLAVES PARA TRANSITAR UN CAMINO DE VICTORIA

> No esperar la perfección en mi misma ni en los demás libera la gracia.
>
> No esperar a que las cosas mejoren libera la gratitud.
>
> Comprender que no debemos esperar un camino sin tropiezos aviva la alegría y abre mi corazón a la presencia de Dios.

Gary y yo estábamos concluyendo nuestro ministerio a un hombre llamado Derek. Nos habíamos reunido semanalmente con él durante el transcurso de cinco semanas, aproximadamente tres horas por cada encuentro, y habíamos llegado a la última hora. El hombre se había sanado de diversos problemas durante el tiempo que pasamos juntos. Cuando analizamos cómo iba a mantener su sanidad, así como conservar y crecer en libertad, Derek se puso muy nervioso. "¿Qué? ¿No he terminado?" Se me escapa una sonrisa mientras recuerdo su sorpresa (y también la mía porque pensé que ya habíamos cubierto ese concepto durante el primer encuentro.) La respuesta en ese momento, al igual que ahora, es no. Denominé a mi clase *Lifestyle of Liberty* con la esperanza de que las personas puedan usar las herramientas que enseño diariamente, como un estilo de vida. No llegamos a la perfección en la tierra, pero podemos transitar un camino de victoria a diario.

Este último capítulo se trata realmente de mantener la perspectiva. La mentalidad y la actitud adecuadas engendrarán la confianza y la capacidad para pasar al siguiente nivel. Dios trabaja activamente mientras somos transformados de un nivel de gloria al siguiente.[1]

La frase al comienzo de este capítulo está tomada de un diario mío que escribí algunos años atrás. Cuando se la mostré a mi esposo, le gustó tanto que la hizo imprimir y enmarcar, y ahora está colgada como recordatorio en la pared de mi dormitorio. En la etapa en que empecé a escribir *Lifestyle of Liberty*, me sorprendí al ver cómo aquellas palabras formaban un excelente comienzo. Ellas ejemplificaban el fundamento de la mentalidad para vivir en libertad diariamente.

Me sorprendí aún más cuando leí el libro "*Who Switched off My Brain*" ("*¿Quién apagó mi cerebro?*") y descubrí que la autora daba validación científica a las verdades que yo había personalizado. Yo las llamaba creencias profanas. La autora menciona que hay tres patrones de pensamiento tóxicos que pueden envenenar nuestras emociones[2]:

1) Debo hacer todo bien.

2) Debes tratarme bien.

3) El mundo debe ser fácil.

No esperar la perfección

No esperar la perfección de mí mismo y de los demás abarca los patrones de pensamiento tóxico 1 y 2 anteriores. Estás a punto de terminar el libro. Toma la decisión de no esperar la perfección en ti mismo y en ninguna otra persona. No estés disconforme contigo mismo. Ten en cuenta que aún tienes todo un camino por delante. No te impacientes con las personas que se encuentran en el mismo proceso, creyendo que sólo podrás ser feliz cuando ellos realmente cambien.

Dios "conoce nuestra condición; sabe que somos barro"³. Date a ti mismo y a las otras personas el mismo permiso que te da Dios. Camina en **gracia** hacia ti mismo y hacia los demás. Te garantizo que este estilo de vida de libertad cada vez se pone mejor.

No llegamos a la perfección en la tierra, pero podemos transitar un camino de victoria a diario.

Recuerda que se supone que debemos proclamar una verdad hasta que la veamos. No se trata del poder del pensamiento positivo, sino que refleja el concepto que aprendimos anteriormente: no nos apropiaremos de la tierra en un solo día. Quiero alentarte; quiero que sepas que tienes una tierra prometida. Quiero desafiarte; quiero que conozcas tu objetivo, recuerdes tu visión y luego la proclames. Aférrate a las promesas que Dios te ha dado. Los obstáculos se arrodillarán. No puedo prometerte cuándo, pero lo harán. No te focalices en ellos; porque finalmente se rendirán. Dios es capaz de nivelar montañas y levantar valles. Ten por seguro que conquistarás tu tierra prometida.

Hay ocasiones en las que simplemente no vemos la totalidad de lo que se nos promete en el momento. Analiza esta verdad de 1 Juan 3:2: "Queridos hermanos, ahora somos hijos de Dios, pero todavía no se ha manifestado lo que habremos de ser. Sabemos, sin embargo, que cuando Cristo venga seremos semejantes a él, porque lo veremos tal como él es". La Palabra reconoce que estamos en medio del proceso y aún no hemos tomado posesión por completo. No somos completamente como Él. Sabemos que nos queda mucho por delante.

Que el oro se refine en el fuego es algo bueno. El oro se purifica. Claro que no nos gusta el dolor que causa el fuego, pero quizás nos guste menos ver la escoria que sale a la superficie. Es posible que durante el proceso de purificación, parezca que estás empeorando. Aprende a decir aleluya por las pruebas. *Saldrás* como oro.

No esperar un camino sin turbulencia

El pensamiento tóxico número 3 es que el mundo debe ser fácil. Nunca se nos prometió que la vida será sencilla o libre de turbulencia. Si es eso lo que esperamos, seremos derrotados. Si comprendo el propósito de los obstáculos y aprendo a superarlos, mi espíritu se remonta.

Cuando mi primer esposo falleció, lo perdí todo. Estaba devastada y desconsolada. Pero en el medio del momento más difícil, le declaré mi confianza a Dios y le agradecí por confiar y creer en mí. Pensaba que de alguna forma aquella prueba reflejaba el hecho de que Dios me había elegido para algo muy difícil, porque Él sabía que lo elegiría y seguiría. Dios y yo, los dos sabíamos que Él me había prometido solucionar todo para bien. Esa mentalidad abrió mi corazón a Su presencia. Si has experimentado la oposición, considéralo como un honor.

Mi clase y este libro nacieron del dolor. Cuando era una adulta joven, ya tenía mi cuota de fortalezas, creencias profanas y traumas que habían creado un patio de juegos para el enemigo. Esto culminó en España. Yo era una mujer de Dios en mi corazón pero aún no había aprendido a lidiar con la presencia y los ataques del enemigo. Me encontré en un lugar donde sentía que a nadie le importaba. De verdad, no me llevaba bien con los otros misioneros, estaba en desacuerdo con mi esposo y todo el peso de mi joven familia y del ministerio recaía directamente sobre mis espaldas.

Durante un largo tiempo, me lo pasé clamando a Dios. Aún recuerdo el estribillo que cantaba del himno "Holy Spirit Fill Me Now" ("Espíritu Santo lléname Ahora"): *"Te necesito, realmente te necesito; soy la debilidad, estoy repleto de debilidad; ven, ven a mí y lléname ahora"* [4]. Cantaba "Be Thou My Vision" ("Sé Tú Mi Visión") y declaraba "Te quiero a ti, Dios, nada más". En esos momentos en que todo parecía estar en mi contra, dije: "Dios, eres todo para mí. Lléname". ¡Eso fue... y eso hizo! Nos ha dado todo lo que necesitamos para vivir una vida plena y santa. Paso a paso, Dios me dio las herramientas para que pudiera caminar en libertad.

¿Porque existe turbulencia?

Se nos advierte que en este mundo afrontaremos problemas, pero Dios ha prometido que Él ha vencido al mundo[5]. Dios nos alienta a considerar las pruebas como una oportunidad, con la expectativa de que algo bueno surja de ellas. Lo que ahora sufrimos, que padecemos sufrimientos "ligeros y efímeros", no puede compararse con la gloria eterna que veremos y experimentaremos[6].

A menudo le preguntamos a Dios por qué. Si bien este es un tema como para escribir otro libro, haré unos comentarios al respecto.

Es a través de las pruebas que desarrollamos nuestros músculos espirituales. Recuerdo el primer año de enseñanza de mi hija. Se desempeñaba como profesora bilingüe de escuela primaria en una institución donde la mayoría de los niños eran de bajos recursos. Era una tarea extremadamente difícil, y ella se preguntaba por qué tenía que ser así. Se sentía estresada y abrumada. La alenté diciéndole que eso la fortalecería para pasar al siguiente nivel. Con el tiempo, fue promovida a un rol de liderazgo y continuó sus estudios de maestría, conociendo su llamado para generar una mayor influencia del reino dentro del ámbito educativo.

Si deseas pasar al siguiente nivel, deberás superar el nivel donde te encuentras. Establecerás un testimonio exactamente desde donde estás. Si eso fuera sencillo, entonces no desarrollarías músculos espirituales. Por ejemplo, si dejo de hacer ejercicio por una o dos semanas, necesito comenzar nuevamente con pesas más livianas. Si los que corren a pie han hecho que te canses, ¿cómo competirás con los caballos?[7] La oposición es la *pesa* necesaria con la cual entrenarnos para trabajar nuestros músculos espirituales.

Nuestras pruebas no siempre vienen para disciplinarnos o corregirnos. La oposición no es un indicio de que no estamos caminando con el Señor. A veces, las pruebas simplemente vienen para probar nuestra fe, para que pueda ser encontrada mas pura que el oro. Cuando mi primer esposo murió, le di a Dios el permiso para probarme (¡no era que Él lo necesitaba!). Le dije: "Dios, pruébame. Déjame salir a la superficie como oro. Déjame pararme aquí y proclamar que eres siempre bueno, que eres suficiente". (¡Permíteme experimentarlo primero y luego proclamarlo!) Pasé por el fuego y ahora puedo decirte que Dios es suficiente. Ahora puedo pasar por el próximo fuego, y al que sigue. Aprendí que me basta su gracia y que Él siempre está allí. Cuando atravesamos y superamos la oposición o los obstáculos, desarrollamos músculos y establecemos un testimonio. Luego **avanzamos** a terrenos más y más altos.

*La oposición es la **pesa** necesaria con la cual entrenarnos para trabajar nuestros músculos espirituales.*

Cuando afrontamos alguna dificultad, podemos comenzar por preguntarnos: *¿Se trata de mí? ¿Se trata de Dios? ¿Del enemigo? ¿De mi cónyuge?* Siempre adoptamos una postura egocéntrica en torno a nuestras pruebas. Buscamos cuál es nuestro pecado. ¡No siempre se trata de ti! No todo surge para corregir o echar culpas. Estás en una etapa de construcción. Graham Cooke nos enseña que cuando surge algo en contra nuestro, lo que hay que hacer es preguntarle a Dios quién quiere ser para nosotros en ese momento o situación particular que no podría ser en otro momento[8].

Dios no causa problemas. No genera el pecado en el mundo ni las acciones de las personas que te han herido, ofendido o traumado. ¡Él no ha causado esas cosas pero seguramente las usará en tu vida para demostrarte toda Su grandeza! Él será tu Sanador, tu Proveedor, tu Paz y mucho más. Él desea demostrarte cuánto te ama y cuánto le importas. Quiere estar allí para ti. ¡Permite que las pruebas que debas afrontar tengan su efecto completo!

Hace poco tiempo, tuve una revelación más profunda sobre los obstáculos. Intentaba terminar un proyecto que superaba ampliamente mi capacidad. Mientras pasaba tiempo con Dios antes de sumergirme en el trabajo que me esperaba ese día, le entregué todos mis sentimientos de inseguridad e incompetencia. Él me envolvió con Su amor y Su paz. Formulé una pregunta en ese momento de comunión (aunque ya conocía muchas de las respuestas): "¿Por qué tiene que ser tan difícil?". Dios me respondió al instante: "Para darte alegría cuando descubras y experimentes que Yo soy suficiente". A Dios le encanta unirse a nosotros y darnos el placer de unirnos a Él. ¡Sí! Con alegría haré alarde de mi debilidad[9].

Siempre adoptamos una postura egocéntrica en torno a nuestras pruebas. Buscamos cuál es nuestro pecado. ¡No siempre se trata de ti! No todo surge para corregir o echar culpas. Estás en una etapa de construcción.

El resultado final fue que el proyecto pudo realizarse exitosamente. Dios superó ampliamente mis expectativas. Sentí una emoción absoluta al poder unirme a Dios, así como al recibir y beneficiarme con todo lo que Él quiso hacer por mí. La alegría de trabajar con Dios y la emoción del resultado final dejaron totalmente relegada a la frustración inicial.

En Romanos, Pablo declara que considera que "los sufrimientos actuales no son comparables con la gloria venidera que habrá de revelarse en nosotros".[10] Jesús tuvo un sufrimiento mucho mayor a todo lo que nosotros podamos experimentar en este mundo de problemas temporales y comparativamente menores. Puedo recibir a mis problemas como amigos porque Dios tiene la grandeza suficiente como para mostrarme la forma de atravesarlos y porque tendré un testimonio desde el cual ascender a territorios más altos.

Palabras espirituales de ciencia

Nuestras emociones pueden ser disparadores capaces de mostrarnos las áreas de nuestras vidas a las que Dios quiere llevar la sanación y la liberación. Pero también existen otros motivos que generan las emociones que sentimos. A veces, simplemente estamos en presencia de espíritus territoriales. Otras, los sentimientos que experimentamos son palabra de ciencia en el Espíritu. Antes de entrar a una situación ministerial, suelo sentir con qué espíritus me encontraré. Llamo a esas sensaciones palabras de ciencia en el Espíritu. Ellas vienen de la misma forma en que obtenemos palabras de ciencia para la sanación física.

Por ejemplo, si de repente te duele el codo, posiblemente mires a tu alrededor y veas a una persona con el codo lastimado, y luego ores por su sanación. Luego, el dolor que sentías en el codo desaparece. Si te sientes desanimado, quizás esa emoción no te pertenece, sino que es una palabra de ciencia en el Espíritu que te hace notar que alguien a tu alrededor necesita oración. Descubrí que no todas mis emociones me pertenecen, provienen de mí o se tratan de mí. En ciertas ocasiones, me sentí abrumada por algunas emociones, pero en mi mente sabía que esas no eran mis áreas problemáticas. En un primer momento, me sentía confundida. ¡Sabía que tenía *algunos* problemas, pero no *aquellos* problemas! Esos problemas no me pertenecían.

Por ejemplo, una vez hicimos un viaje misionero a Colombia con Randy Clark. Alrededor de un mes antes de la fecha de salida, me acosaban los sentimientos de incompetencia. El enemigo gritaba: "Orarás y nadie se sanará". Además, pensaba: *"Los pastores irán a este viaje y verán que no soy buena. Probablemente nunca más querrán que ore en la iglesia. No lo lograré. Seré un fracaso"*.

¡Era muy oprimente, tanto que puse en duda mi identidad, aunque ya me sentía segura en ella! De hecho, mi identidad era muy sólida y certera. Por eso me pregunté cómo podía sentirme de esa forma, cuando en realidad ya sabía cómo eran las cosas.

Debía mantenerme de pie, por eso di batalla. *No, esta no soy yo, esta no es mi identidad. Odio estos sentimientos. Pero no, no reflejan lo que soy.*

Voy a resistir. Cuando llegué a Colombia, comprendí que un espíritu mayor estaba acosando a algunas personas en una de las iglesias en las que ministrábamos. Él mentía a las personas y les hacía pensar *"soy incapaz, soy un fracaso, no seré usada"*, y cosas similares.

Me di cuenta que había estado luchando por mi misma pero, en realidad, había estado luchando por ellos, a tal punto que en un servicio religioso, tuve que realizar una oración violenta. Eso no me sucede comúnmente. Pero me encontré doblegada en el medio del servicio religioso, orando ardorosamente en el Espíritu. Afortunadamente, la alabanza fue bastante alegre, por eso muy pocas personas que estaban a mí alrededor lo notaron. Pero cuando terminé, la carga se había ido. Nunca me volví a sentir así. Era como si hubiera parido algo en el Espíritu. Dejé un depósito en esa iglesia de Colombia. Todo aquello había venido en mi contra, pero resistí porque sabía que no se trataba de mí.

Te aliento a que resistas, más allá de lo que estés experimentando. Si luchas por ti mismo, tendrás la victoria. Aunque también es probable que ganes una batalla para alguna otra persona.

No vivir para el mañana

No vivir pensando en el día en que todo mejorará me permite vivir con gratitud y experimentar a Dios *en cada momento*. Al mismo tiempo, nos damos cuenta de que algo más se acerca, que nos movemos a territorios más elevados. ¡Y siempre hay el cielo! Cuando mi primer esposo falleció, comencé a pensar mucho en el cielo. Me entusiasmaba pensar en ello, quería ir a aquel lugar. Morir es ganancia. Obtienes una mirada diferente cuando piensas en lo que está viniendo en el Espíritu. Es realmente emocionante.

Sin embargo, vivir es Cristo. No estoy diciendo dos cosas opuestas. Podemos mirar el futuro con grandes expectativas porque conocemos las promesas de Dios. Conocemos nuestra esperanza y la verdad. Al mismo tiempo, no debemos esperar que llegue el día de mañana como si el día de hoy no bastara—como si no tuviéramos la presencia y las promesas de Dios a las cuales aferrarnos y en base a las cuales vivir el hoy.

Muchas veces sentimos la existencia de semejante tensión dinámica. Una paradoja: dos cosas son igualmente ciertas pero parecen ser opuestas. Debemos elegir en qué *verdad* vivir según cada momento. Creo que Dios permite eso, y quizás incluso lo crea, con el fin de que dependamos de Él para obtener sabiduría todos los días. No existe una fórmula mágica.

> Podemos mirar el futuro con grandes expectativas porque conocemos las promesas de Dios. Conocemos nuestra esperanza y la verdad. Al mismo tiempo, no debemos esperar que llegue el día de mañana como si el día de hoy no bastara—como si no tuviéramos la presencia y las promesas de Dios a las cuales aferrarnos y en base a las cuales vivir el hoy.

Ten siempre presente la verdad de que fuimos creados para la grandeza. Debemos ir en busca de la grandeza y de la excelencia, porque fuimos creados a imagen de Dios. Hasta podemos aspirar ser el presidente de los Estados Unidos, una persona que genera cambios en el mundo.

Combina esa verdad con el hecho de que ninguna persona o tarea es insignificante, y que Dios le asigna una cantidad de talentos a cada persona. En Su soberanía, Dios elige quién ocupará una posición específica para cambiar el destino de una nación, así como eligió a Moisés para liberar al pueblo de Israel de su esclavitud en Egipto.

Tenemos que seguir a Dios con todo nuestro corazón, reconocerlo de todas las formas posibles, ser lo mejor que podamos en todo momento y dejar que Dios se encargue de los resultados. Al mismo tiempo, nunca debemos cuestionar nuestro valor, importancia o el amor que Dios nos tiene individual y personalmente.

Dios me guió a dejar mi trabajo como enfermera antes de que estuviéramos económicamente preparados para jubilarnos. Intenté volver a trabajar en muchas ocasiones, pero Dios seguía teniendo esa puerta cerrada. Dejó bien en claro que tenía otra tarea para mí en una temporada diferente.

Aproximadamente un año después, Dios depositó en nuestros corazones la idea de hacer simplificar nuestra vida. Iniciamos el proceso y e hicimos las cosas al revés. Compramos una casa antes de vender la que teníamos, pero en todo momento escuchábamos las indicaciones de Dios y seguíamos lo que escuchábamos. Procesé la pérdida de la única casa que habíamos tenido, aquella en la que mis hijos crecieron. Sabía que estaba bajo el mando de Dios y por eso todo estaba bien, pero el sentimiento de pérdida seguía estando presente.

No pudimos encontrar una casa que nos gustara en nuestro margen de precios, por lo que investigamos la posibilidad de construir una. Me pareció haber escuchado a Dios decir: "Lo sabrán cuando la vean". La casa que planeábamos construir tenía un diseño satisfactorio y una ubicación aceptable. Llegó el día en que debíamos pagar el depósito inicial. Ese mismo día, antes de entregarle el dinero al constructor, salió una casa al mercado que era justo lo que habíamos estado buscando. Ese día, cuatro personas vieron la casa. De esas cuatro, dos más hicieron ofertas, pero la nuestra fue la que se aceptó. Cuando nuestra casa estuvo lista para salir al mercado, ¡se vendió en dos días! Amo mi nueva casa y lo supe ni bien la vi. Es más perfecta que nuestra antigua vivienda en muchos aspectos, e indudablemente mejor que la que planeábamos construir.

La forma en que Dios nos había guiado era evidente para mí. Dios me sentó y me dijo: "Krisann, sólo quiero que entiendas esto: a menudo te preguntas si has escuchado mi voz o si estás haciendo las cosas lo suficientemente bien (o si estás cumpliendo mi voluntad para ti), porque no te parece algo grandioso. También muchas veces te has preguntado si estás en el lugar correcto en el tiempo indicado. Con esto, lo estoy sellando. El mismo día que necesitabas la casa adecuada, lo había preparado todo para ti. ¿Ves cómo he orquestado todo? Este es mi gran amén para tu vida. Sí, me has escuchado. Sí, has estado en el lugar correcto en el momento indicado. Sí, para tu vida".

Eso es lo que quiero transmitirte. Tienes un gran amén sobre tu vida. A Dios no le perturban tus errores. Dios no se frustra por el hecho de que aún no eres perfecto. Depositamos nuestras esperanzas en Dios para el futuro, pero no vivimos en el futuro. Recibe las afirmaciones de Dios en este momento. La verdad es que Dios le da más valor a tu vida y a tu corazón que a tus logros. ¡Al fin y al cabo, tus logros también son parte de Su trabajo!

Recuerda tu fuente

Recuerda dónde está librada tu batalla y también recuerda tu fuente. Uno de mis versículos favoritos dice "ya no hay ninguna condenación para los que están unidos a Cristo Jesús"[11]. Mantente en la verdad de que no eres condenado. El enemigo no tiene nada que recriminarte. Jesús ya se ocupó de eso. Todo tu error, todo tu pecado, ya ha sido clavado en la cruz.

Esa gracia no es gratuita. Le costó la vida a Jesús, y también cuesta la tuya. Es un *intercambio*. Está muy bien entusiasmarse con que no hay condenación, pero eso no te da el permiso para salir y vivir la vida como la que quieres vivir, porque en ello no hay **victoria**. Acéptate por ser quien eres y estar donde estás, pero esfuérzate por seguir adelante.

Salmos 119 muestra claramente cómo Dios combina la libertad con el amor de Su ley. Somos libres únicamente en la medida en que amemos a Dios con todo nuestro corazón y lo obedezcamos por encima de todo y en todo lo que podamos. Según Salmos 119, debemos pedir un corazón entendido para poder obedecer y pedirle a Dios que no permita que ningún pecado nos domine. Queremos permitir que nuestros corazones sean quebrantados por encima de ser dominados por el pecado.

Soy una persona común y corriente. Cualquiera puede alcanzar el mismo nivel de victoria que yo. Si he hecho algo bien, la clave es que "hasta soy más sabio que los ancianos, porque he obedecido tus mandamientos" (Salmos 119: 100, NTV). Vivo con cada vez más libertad, alegría y esperanza. Dios revela y yo obedezco. Pido la luz y camino en la luz. Recuerdo que **Todo lo que Él es, también lo soy yo.** Él es mi fuente. Jesús vive en mí. Tengo la victoria. No soy perfecta pero soy amada[12].

A medida que llegamos al final de este libro, recuerda el versículo fundamental: "Vivan por el Espíritu, y no seguirán los deseos de la naturaleza pecaminosa"[13]. Deja que la carne quede expuesta, y permite que Dios busque en tu corazón y revele todo camino distorsionado que estés transitando. Muévete constantemente para vivir debajo del árbol de la vida. En Efesios 6:13, se nos insta a tomar toda la armadura de Dios para poder mantenerte firme. **Mantente firme.** Mi promesa y aliento para ti es: puedes sentirte debilitado, pero te mantendrás firme. Dios te empodera y esa es Su voluntad para ti. (Hebreos 12:12 nos indica que debemos fortalecer nuestras rodillas debilitadas).

Él te cuida atentamente

Recuerda el corazón de Dios hacia ti. Ten la certeza de la victoria. A medida que colabores con Dios, Él te cubre las espaldas. Estamos viviendo desde una posición de victoria sobre el enemigo, su derrota. Más importante aún, estamos viviendo desde el corazón de Dios para nosotros. Conocer verdaderamente el corazón de Dios hace que nuestra victoria sea más segura y accesible.

> *Somos libres únicamente en la medida en que amemos a Dios con todo nuestro corazón y lo obedezcamos por encima de todo y en todo lo que podamos.*

Me encantan los versículos que nos dicen que podemos, de una vez y para siempre, encomendar todas nuestras preocupaciones y problemas a Dios, porque "Depositen en él toda ansiedad, porque él cuida de ustedes (*afectuosamente* y *atentamente*)" (1 Pedro 5:7, paréntesis agregado) ¡Qué papá tan genial! No das un solo paso sin que Él te esté observando, ni te peinas un pelo de tu cabeza sin que Él lo note. Por eso, si tenemos un Dios tan bondadoso de nuestro lado, podemos despojarnos de todas nuestras preocupaciones.

Cada vez que estás luchando, Él dice: "Búscame, encuéntrame porque me interesa lo que te pasa. Lo he prometido, y yo no miento ni incumplo. No te dejaré solo, las personas sí lo han hecho, pero yo no". El Espíritu Santo me dio un río de vida del cual beber mientras estaba en un lugar muy seco (España), y allí aprendí que Dios es suficiente.

Nuestro papá cuida nuestras espaldas para que podamos resistir al enemigo. Jesús tiene la capacidad y está dispuesto a evitar que nos caigamos, así como a presentarnos ante Dios *"sin mancha y con gran alegría"*[14]. Dios es quien hace el trabajo y quien venció al enemigo para que no tengamos que vivir en la derrota. Dios ya lideró la procesión triunfal. Podemos unirnos a Él y esparcir "por todas partes la fragancia de su conocimiento"[15]. **Él** perfeccionará la buena obra que **Él** comenzó[16]; no tienes que esforzarte ni hacer todo bien.

A veces, creo que nos equivocamos al pensar demasiado en nosotros mismos y muy poco en Dios. Somos responsables de nuestros pecados, debilidades, ineptitudes y problemas que son enormes ante nuestros ojos, y esperamos que Dios sea lo suficientemente grande como para acompañarnos. Déjalo ser todo lo grande que Él es. Si somos infieles, Él sigue siendo fiel[17].

Vivir con gratitud

Tenemos unos amigos que son misioneros en América Central. No mucho después que llegaron, oraron para tener un medio de transporte y sintieron que Dios los guió a comprarse una camioneta particular. Tuvieron un problema tras otro con esa camioneta, tanto que agotaron sus finanzas, les robó tiempo y la situación trató de derrotar su fe. Después de otro contratiempo con la camioneta, confesaron haberle preguntado a Dios: "¿Dónde estás?".

En ese momento, llegó una persona que hablaba inglés y conocía a un pastor/mecánico local que podría arreglar la camioneta. Ese pastor/mecánico y su esposa tienen un corazón y un llamado similar al de nuestros amigos misioneros, y en ese momento nació una amistad. Nuestros amigos misioneros comenzaron a trabajar con esta pareja para actuar de mentores y a ayudarlos en su iglesia. Estar involucrados con esa familia y su joven iglesia es uno de los recuerdos más gratos del ministerio de nuestros amigos.

Es posible que a veces no lo veamos, pero Dios siempre está ahí. Quizás no siempre tengamos las respuestas a las preguntas de dónde o por qué, pero podemos elegir confiar. ¡Ahora, nuestros amigos misioneros tienen una perspectiva diferente sobre los obstáculos y las interrupciones! A lo largo de todo el proceso, Dios había estado preparando una bendición para ellos.

Creo que el aspecto más importante de mi recorrido diario es que glorifico a Dios en esta vida, no es que sea feliz. Sin embargo, puedo elegir estar contenta. Debo elegir darle gracias *en* (y no *por*) todas las circunstancias.

Busca a **Dios** en tu presente, y no busques las respuestas que quieres encontrar. Encuentra Su presencia y perspectiva. Sabe quién es Él en tu vida. Búscalo solo para encontrarlo a Él, no para tu libertad, tu destino o *tu* algo. Él ama tener una relación contigo simplemente porque disfruta de estar contigo. Y desde ese corazón, Él nos quiere dar muchísimo más que todo lo que podamos imaginarnos o pedir[18].

Liberados a diario

Romanos 5:10 quizás es mi versículo favorito de *Lifestyle of Liberty*.

> *Porque si, cuando éramos enemigos de Dios, fuimos reconciliados con Él mediante la muerte de su Hijo, ¡con cuánta más razón, habiendo sido reconciliados, seremos salvados por su vida!*

Casi nombro a mi clase "Diaria Liberación". Pero lo seguía confundiendo con liberación a diario y esa frase era confusa, sonaba como si hiciera referencia a un periódico. Romanos 5:10 en la Biblia Amplificada dice que somos salvos y explica que somos "liberados a diario". **Diariamente somos**

salvos, rescatados, liberados y reconstruidos gracias a que tenemos *la vida de Jesús* **en nosotros.**

Si Él murió por nosotros, imagina **cuánto más** nos acompaña todos los días para que **vivamos y venzamos**. Llevo la vida de Jesús cada día. ¡Cuánta alegría y libertad!

¡Que seas bendecido mientras caminas cada vez con más plenitud en la vida de Jesús!

APÉNDICE

Hay muchas oraciones y oportunidades dentro de este libro que tienen una aplicación personal. Lo siguiente no incluye todas las oraciones, pero sí brinda un formato útil para abordar los problemas específicos. He incluido este resumen para ayudarte a tener un panorama completo. Cuando nos ocupamos de un área problemática, lo mejor *es orar todo lo que aparece en negrita*. Usa las otras oraciones según corresponda. Están ubicadas donde generalmente son más útiles.

Comenzar con una oración de inicio es muy útil:

Padre Dios, te agradezco por querer que viva en libertad. Me entrego a Ti y declaro que eres el Señor de mi vida. Quiero que controles mi vida y acepto Tu corrección. Creo que me amas y proclamo que siempre eres bondadoso. Elijo derramar mi corazón a Ti, y entregarte mis emociones y heridas. Espíritu Santo, guíame a toda la verdad.

CONFESIÓN/ARREPENTIMIENTO

- **Confieso_____como mi pecado y el pecado de mis padres y ancestros. Perdono a mis padres y ancestros por este pecado.**

- **Confieso específicamente las siguientes formas/ocasiones que he pecado en esta área: _____.**

    (Sé explícito cuando te confiesas aquí. ¿Puedes recordar la primera vez que pecaste de esta forma? Pídele al Espíritu Santo que te ayude a recordar los diferentes hechos, las personas afectadas y las consecuencias de tu pecado).

- Elijo arrepentirme de este pecado. Me arrepiento de haber recibido el espíritu de (ese mismo pecado).

- Te pido que nos perdones a mí y a mis ancestros, Señor, por cometer este pecado, y por darle un lugar en mi vida tanto al pecado como a las maldiciones que éste trae como consecuencia. Recibo Tu perdón y te agradezco por ello. Como Tú me has perdonado, yo también me perdonaré a mí mismo por haberme involucrado en ese pecado.

ATADURAS DEL ALMA

Confieso y renuncio a todas mis uniones profanas y te pido que me perdones por todos aquellos pecados que generaron ataduras profanas del alma. Señor, recibo Tu perdón y me perdono a mí mismo. Te agradezco por haberme perdonado y limpiado.

Repite esta sección para cada persona con quien tengas una atadura profana del alma:

Señor, en este momento le doy fin a mi unión y corto mis ataduras profanas del alma con _____. Lo/la perdono. Me libero a mí mismo de él/ella y lo/la libero a él/ella de mí.

Reclamo las cosas que di (sé específico). Devuelvo las cosas que recibí (sé específico).

Renuncio a los pactos/juramentos que hice.

Te suplico que Tus propósitos para cada uno de nosotros sean liberados y cumplidos en nuestras vidas.

Cuando hayas finalizado la sección anterior para cada persona, concluye con lo siguiente:

Renuncio a cada atadura del alma y quebranto la autoridad que les he dado a los demonios para intervenir en mi vida mediante esas relaciones. Ato y expulso a todos los poderes de tinieblas que atraje a través de esas ataduras profanas del alma (sé específico). Les ordeno que se vayan adonde

Jesús los envía. Coloco la sangre de Jesús entre mí mismo y cada persona que he nombrado. Te pido, Espíritu Santo, que limpies y sanes mi mente y mis emociones. Llena esas áreas con Tu presencia mientras me restauras y me haces pleno. ¡Gracias!

PERDÓN

- Elijo perdonar a todos los que me han herido y decido absolverlos por su pecado, las maldiciones y las consecuencias sobre mi vida. Perdono a _____, por_____, que me ha hecho sentir _____, y me costó _____. Entrego esta persona y sus pecados a Dios, y a partir de este momento ya no tendré ninguna acusación en su contra.

JUICIOS

- Confieso mi pecado y te pido que me perdones, Señor, por juzgar a___ al creer/sentir/decir que_____.

- Perdono a_____por todos los "hechos" u ofensas que pudieron haber desencadenado mi juicio.

- Ya no estoy de acuerdo con este juicio. Lo aborrezco y renuncio a él. Anulo y retiro los derechos legales que le di al enemigo para llevar a cabo los efectos de este juicio.

- Te agradezco por la cruz y por la sangre derramada de Cristo. Tomo la cruz de Cristo y la coloco entre los juicios y____. Coloco la cruz de Cristo entre los juicios y yo mismo.

- Pido al Espíritu Santo que satisfaga las necesidades de _____, que se encuentran en la raíz de su actitud o conducta. Libero la sanación para esa persona.

- Recibo la sanación de Ti.

RENUNCIA

- **En el nombre de Jesús, renuncio al pecado y a las maldiciones de _____. En el nombre de Jesús, destruyo el poder y la esclavitud de este espíritu en mi vida. Renuncio y destruyo toda la autoridad que les di a los demonios y cancelo su tarea en torno a mi vida.**

RENOVAR TU MENTE

- Confieso que he pecado al creer la mentira de que_____.
- Perdono a quienes inspiraron esto, me hicieron creerlo o que fueron responsables de las circunstancias que me llevaron a formar esta creencia profana. Perdono específicamente a _____ por_____, que me hizo sentir _____ y me costó _____ _____.
- Señor, perdóname por aceptar esta creencia profana, por vivir mi vida basándome en ella, y por todas las formas en que he juzgado a los demás debido a eso.
- Recibo Tu perdón, y me perdono a mí mismo por creer esta mentira.
- Renuncio a esta creencia profana y anulo mi acuerdo con ella.

DETENTE para formular una creencia bíblica.

- Ahora elijo creer que _____.

HERIDAS DEL PASADO

Mira el proceso descrito al final del Capítulo 17 ("Sanar los recuerdos").

EXPULSAR LOS DEMONIOS

Declara esta oración en voz alta y con los ojos abiertos.

- En el nombre de Jesús, tomo autoridad sobre y expulso al espíritu de _____. Espíritu de _____, sal de aquí, en el nombre de Jesús. Te ordeno que me sueltes ahora en el nombre de Jesús y por Su sangre derramada. (Repetir para cada espíritu).

- Ordeno a todos los demonios que se vayan a donde Jesús los manda y que no regresen.

RECIBIR Y LLENARSE

- Gracias, Señor, por liberarme y sanarme. Lléname con tu Espíritu Santo. Recibo Tu presencia y Tus promesas. Recibo _____ (pregúntale al Espíritu Santo que desea darte).

Finaliza este momento con alabanza, oración y acción de gracias.

(Los fragmentos de estas oraciones han sido adaptados de *Restoring the Foundations [Segunda edición]*. Se usan con permiso. www.RestoringTheFoundations.org.)

NOTAS AL PIE

Capítulo uno
1. Lucas 12:7
2. Lucas 15:11-32
3. Salmos 27:13

Capítulo dos
1. Lucas 2:36-38
2. 2 Corintios 4:17
3. 2 Corintios 4:18
4. 2 Pedro 1:3
5. Jeremías 29:11
6. Isaías 45:9

Capítulo tres
1. Deuteronomio 24:16
2. Romanos 2:4
3. Romanos 8:1

Capítulo cuatro
1. Ross Campbell, MD, *How to Really Love Your Teenager* (Colorado Springs: Chariot Victor Publishing, 1981, 1993), 73.

Capítulo cinco
1. D.J. Butler, "I Will Change Your Name" Mercy Publishing, 1987.
2. ibid

Capítulo seis
1. Isaías 46:10-11
2. Romanos 5:8
3. Tesalonicenses 5:23
4. 1 Pedro 2:24, Isaías 53:6
5. Juan 10:10

6. Salmos 110:1

Capítulo siete
1. 2 Corintios 5:17
2. 1 Juan 2:2, 2 Corintios 5:21
3. Romano 6:23
4. Colosenses 1:13-14, 1 Pedro 3:18
5. Colosenses 2:13, Efesios 2:4-5
6. 1 Pedro 1:23
7. 3:16
8. Romanos 5:10
9. Gálatas 5:16
10. Juan 15:13
11. James Strong, Strong's Exhaustive Concordance (1980), s.v."brought"
12. Colosenses 2:23

Capítulo ocho
1. Santiago 2:10
2. Efesios 2:8-9
3. Tito 2:8-9
4. James Strong, Strong's Exhaustive Concordance (1980), s.v."grace" ("gracia")
5. Filipenses 2:13
6. "hypocrite" ("hypócrita") *Merriam-Webster.com*. Merriam-Webster, 2015. Web 4 de deciembre 2015.

Capítulo nueve
1. Proverbios 14:30
2. Salmos 56:8
3. Isaías 53:4
4. Efesios 6:12
5. Frost, Jack, Shiloh Place Ministries, www.shilohplace.org
6. 2 Corintios 10:5
7. Gálatas 2:21
8. Salmos 147:3, Isaías 61:1

Capítulo diez
1. 1 Corintios 3:15
2. Colosenses 1:29 NBD
3. Santiago 2:10
4. James Strong, Strong's Exhaustive Concordance (1980), s.v."perfect" (perfecto").

Capítulo once
1. "judge" (juzgar") *Merriam-Webster.com*. Merriam-Webster, 2015. Web 4 de deciembre 2015.
2. James Strong, Strong's Exhaustive Concordance (1980), s.v "judge in Hebrew" ("juzgar" en hebreo)
3. James Strong, Strong's Exhaustive Concordance (1980), s.v "judge in Greek" ("juzgar" en griego)
4. Juan 12:49, Juan 5:20
5. Mateo 7:3-5
6. Juan 20:23 NBLH
7. 2 Pedro 3:9
8. Jack Frost, Spiritual Slavery to Spiritual Sonship (Shippensburg: Destiny Image Publishers, Inc., 2006), 39-44.
9. "vow" ("juramento") *Merriam-Webster.com*. Merriam-Webster, 2015. Web 4 de deciembre 2015.
10. Santiago 5:12
11. Mateo 23:15
12. Efesios 4:26
13. Marcos 11:25
14. "renounce" ("renunciar") *Merriam-Webster.com*. Merriam-Webster, 2015. Web 4 de deciembre 2015.

Capítulo doce
1. Mateo 5:29-30

Capítulo trece
1. Chester Kylstra y Betty Kylstra, *Restoring the Foundations [Segunda Edición]* (Hendersonville: Restoring the Foundations Publishing), 2001, 355.

Capítulo catorce
1. 2 Corintios 10:5
2. Hebreos 3:13 NTV
3. Jeramías 29:11
4. Graham Cooke, *Qualities of a Spiritual Warrior*, (Vacaville: Brilliant Book House, LLC, 2008), 60.
5. Santiago 1:2-4
6. 2 Corintios 4:7
7. Francis Frangipane, *The Three Battlegrounds* (Cedar Rapids: Arrow Pubications, 1998), 48.
8. 1 Tesalonicenses 5:18
9. 1 Samuel 1:14

10. Rut 1:20-21

Capítulo quince
1. David Ruis, "Lover of My Soul" Winds of Worship 7 Live from Brownsville, Vineyard Music, 1996
2. ibid
3. ibid

Capítulo dieiséis
1. Éxodo 33:16
2. Juan 6:67-68
3. Jonás 4
4. Santiago 1:8
5. 1 Tesalonicenses 2:7-8

Capítulo diecisiete
1. Salmos 34:18, Salmos 23:3
2. Henry Wright, *A More Excellent Way to Be in Health*, (NewKensington: WhitakerHouse, 2009).

Capítulo dieciocho
1. Apocalipsis 11:15
2. Deuteronomio 28:13
3. Romanos 8:18
4. Filipenses 1:21
5. Job 42:2
6. Romanos 16:20
7. Job 13:15 NBLH
8. Apocalipsis 12:11
9. Romanos 1:16 NBLH
10. 1 Juan 4:4
11. Juan 12:24
12. 1 Pedro 4:12
13. Proverbios 26:2
14. 2 Pedro :3

Capítulo diecinueve
1. 2 Corintios 3:18
2. Caroline Leaf, *Who Switched Off My Brain*, (Dallas: Switch on your Brain USA, Inc. 2008), 109
3. Salmos 103:14

4. Elwood H. Stokes, (Dominio público, 1879)
5. Juan 16:33
6. 2 Corintios 4:17
7. Jeremías 12:5
8. Graham Cooke, *Qualities of a Spiritual Warrior,* (Vacaville: Brilliant Book House, LLC, 2008), 62.
9. 2 Corintios 12:9
10. Romanos 8:18
11. Romanos 8:1
12. Cantar de Cantares 6:3
13. Gálats 5:16
14. Judas 1:25 NTV
15. 2 Corintios 2:14
16. Filipenses 1:6
17. 2 Timoteo 2:13
18. Efesios 3:20

www.ingramcontent.com/pod-product-compliance
Lightning Source LLC
Chambersburg PA
CBHW021122300426
44113CB00006B/254